Introducción a la lógica medieval

1ª edición, 2024

© Francisco León Florido y María López Salamanca

© Guillermo Escolar Editor S.L.
Avda. Ntra. Sra. de Fátima 38, 5ºB
28047 Madrid
info@guillermoescolareditor.com
www.guillermoescolareditor.com

Diseño de cubierta: Javier Suárez
Maquetación: Equipo de Guillermo Escolar Editor

ISBN: 978-84-19782-53-3
Depósito legal: M-7444-2024

Impreso en España / Printed in Spain

Francisco León Florido
María López Salamanca

Introducción a la lógica medieval

**Guillermo
Escolar**
E D I T O R
Análisis y crítica

Capítulo 1

De la recepción del *Organon* a las escuelas dialécticas: *logica vetus* (s. vi-xii)

La lógica medieval es un objeto de estudio complejo. Tiene, al menos, cuatro características que la distinguen de la lógica moderna y contemporánea:

- Su desarrollo es histórico, no temático, pues sigue el orden de la recepción de los escritos que componen el *Organon* de Aristóteles, independientemente de los temas que se abordan en estas obras.
- Su exposición es dialéctica, no axiomática, pues el contenido de los tratados medievales se presenta bajo la forma de comentarios dialogados directos de Aristóteles, o mediados a través de los manuales universitarios, en especial de las *Summulae* de Pedro Hispano.
- En los tratados de lógica, los medievales no utilizan fórmulas o notaciones simbólicas, sino que emplean el lenguaje común en las escuelas: un latín tecnificado, pero sometido a las ambigüedades gramaticales y, por tanto, no constituye un cálculo bien formado.
- Su evolución no es autónoma, sino que se engarza en las diferentes formas que adoptan la cultura y las instituciones de enseñanza, siendo esencialmente una disciplina del curriculum escolar, sometida a la diversidad de sus variaciones.

Una aproximación introductoria, como la que abordamos, debe tratar de simplificar en lo posible la complejidad estructural de la lógica medieval, sin dejar de hacer justicia al modo peculiar en que se integran sus diversos elementos constitutivos.

1. La construcción del *Organon* de Aristóteles

El comienzo cronológico de la Edad Media puede situarse entre la ocupación de Roma por Teodorico en 410 y la desaparición del último emperador romano Rómulo Augústulo (476). Para el inicio de la filosofía medieval se ha propuesto la fecha del 529 con la clausura de la Academia de Atenas. También para el final del periodo medieval encontramos fechas alternativas: 1453, toma de Constantinopla por Mehmed II; 1492, descubrimiento América por Cristóbal Colón; 1517, fijación de las 95 tesis de Lutero en Wittenberg. Para el final de la filosofía medieval: 1478, cuando Lorenzo de Medici envía una legación a Bizancio para conseguir los manuscritos en griego de las obras de Platón, que pudieran sustituir a los textos aristotélicos latinos utilizados en las universidades de la Iglesia. Podemos decir que la lógica medieval comenzaría con la muerte de Boecio (ca. 524), el último romano y el primer cristiano, traductor al latín y comentarista del *Organon*, y concluiría a comienzos del siglo XVI, con los primeros pasos de una nueva 'lógica clásica' antiaristotélica, y el formalismo de las escuelas de la denominada 'Segunda escolástica'.

En la Edad Media el término '*lógica*', que proviene del griego '*logos*' y '*lexein*' (razón y lenguaje), se incluye en el contexto semántico de '*ratio*', '*sermo*' y '*oratio*', pero, sobre todo, llega a identificarse con '*dialectica*'. La lógica medieval es, esencialmente, el conjunto de las traducciones y los comentarios al *Organon* de Aristóteles. Esto quiere decir que su desarrollo temático e histórico sigue la línea marcada por las fases de la recepción de las obras lógicas aristotélicas. La cronología de este proceso se entreteje con la diversidad de ámbitos geográficos y culturales. Los lógicos medievales están convencidos de que Aristóteles ha inventado la lógica y ellos son solo continuadores.

Como hemos dicho, el desarrollo de la lógica medieval no es temático sino histórico, pues no sigue un ideal sistemático, sino el orden de la recepción del *Organon* de Aristóteles. Siguiendo este orden, los propios medievales dividieron la lógica en:

a. La *logica vetus* o *ars vetus*. Se extiende desde Boecio (s. VI) hasta las escuelas dialécticas del siglo XII; comprendía los tratados accesibles en esa época: *Categorías* y *Sobre la interpretación* de Aristóteles, además del *Isagoge* de Porfirio. A estas tres obras principales pueden añadirse otras que también fueron utilizadas en los primeros siglos medievales: Comentarios de Boecio a *Isagoge*, Comentarios de Boecio al *Peri hermeneias*, Comentarios de Boecio a los *Tópicos* de Cicerón. Algunos tratados de Boecio de cierta originalidad: *Introductio ad syllogismos categoricos*, *De syllogismis hypotheticis*, *De differentiis topicis*, *De divisionibus*, *De definitione*. Después se añade un libro atribuido a Gilberto Porreta (1076-1154), *Liber de sex principiis*, como un complemento a las *Categorías* de Aristóteles.

b. La *logica nova* o *ars nova*. En el periodo que comprende desde 1120 hasta bien entrado el siglo XIII; se añaden traducciones latinas del resto de las obras lógicas de Aristóteles: *Analíticos primeros, Analíticos segundos, Tópicos* y *Elencos sofísticos*.

c. La *logica modernorum*. Va de finales del XIII al XV; en esta época se considera que la *logica vetus* y la *logica nova* en conjunto constituyen la *logica antiqua*. Aparecen nuevos tratados con temas no derivados directamente del *Organon*: *Consequentiae, Exponibilia, Insolubilia, Syncategorematicis, Obligationes* (*De arte exercitativa*).

La creación de la lógica como una disciplina diferenciada se debe a Aristóteles. Los seis tratados que dedicó a la lógica en conjunto fueron denominados *Organon* por el recopilador y editor de la obra aristotélica, Andrónico de Rodas: *Categorías, Sobre la interpretación, Tópicos, Elencos sofísticos, Primeros analíticos, Segundos analíticos*. Aristóteles, no obstante su carácter fundador, tenía ciertos antecedentes en la filosofía griega anterior.

La lógica en los primeros filósofos griegos
Según una tradición medieval, Parménides (s. V a.C.) descubrió la lógica viviendo durante quince años en soledad sobre una roca en Egipto.

Parménides (540-470 a.C.) expone su doctrina en un poema en el que una diosa enseña a los mortales que existen dos caminos hacia el conocimiento: la vía de la verdad (*alétheia*) y la de la opinión (*dóxa*). En la vía de la verdad, la vía del ser, se descubren las cosas que no cambian, mientras que la vía de la opinión es el camino transitado por el vulgo que cree en lo que le muestran sus sentidos, que le informan de las cosas que cambian del ser al no-ser. Parménides influyó en el pensamiento platónico, pero es dudoso que se le pueda considerar un preludio de la lógica formal y del establecimiento del principio de no-contradicción, dado que el ambiente en que realizó su obra es el de los investigadores sobre la naturaleza, y que no podía sobrepasar el contexto de lo que imponía su época.

Zenón de Elea (490-? a.C.) es el principal discípulo de Parménides. En un fragmento de una obra perdida conservado por el doxógrafo Diógenes Laercio, se dice que Aristóteles considera a Zenón el fundador de la dialéctica con sus célebres aporías, unos argumentos que parecen compartir una misma forma lógica de reducción al absurdo: las consecuencias imposibles que se seguirían de negar sus conclusiones.

Estos argumentos o 'aporías' son demostraciones sorprendentes, que pretenden probar que el movimiento es imposible, con lo que critica la posibilidad de la multiplicidad. El primero de ellos es el de la dicotomía, pues enuncia la necesidad de que cada porción de espacio sea dividida en dos mitades hasta el infinito; el de la flecha afirma que una flecha lanzada siempre está inmóvil en cada instante en relación con el espacio que la circunda; en el del estadio, Zenón cree demostrar que se comete una contradicción cuando se pretende que el espacio recorrido por dos grupos que van uno al encuentro del otro desde los lados opuestos del estadio, es diferente que el que recorrerían si todos se dirigieran en la misma dirección.

Pero, sin duda, el argumento aporético más conocido es el de 'Aquiles y la tortuga'. Zenón propone una carrera entre Aquiles, 'el de los pies ligeros', como se lo denomina en la *Ilíada*, y una tortuga a la que deja una cierta ventaja, con la seguridad de que pronto será superada en su carrera por el héroe. Sin embargo, aunque lo que percibimos por medio de nuestros sentidos es que Aquiles acaba alcanzando a la tortuga, esto, sin embargo, es imposible, pues antes tendría que recorrer las infinitas mitades del espacio que separan a los dos contendientes. Es necesario, pues, distinguir entre un conocimiento sensible, en que parece percibirse que Aquiles alcanzará a la tortuga, y un conocimiento inteligible o lógico (en este caso geométrico) que demuestra la imposibilidad del movimiento. La crítica a esta demostración, que se encuentra ya en Aristóteles, se basa en la distinción entre el espacio lógico-geométrico, que es infinitamente divisible con independencia de la distancia recorrida, un espacio meramente intelectual, y el espacio físico, que puede dividirse en magnitudes finitas distintas según la distancia recorrida (*Física* VI, 233a25-30).

Los megáricos, cuyo fundador es Euclides de Megara (450?-365 a.C.), discípulo de Sócrates, intentaron demostrar lógicamente la imposibilidad de la multiplicidad de los eléatas. Para ello desarrollaron nuevas técnicas de argumentación, empleando argumentos a menudo sofísticos. El del *sorites* o «montón», de Eubúlides, afirma que siendo un montón de grano algo distinto de un grano, no se puede determinar cuándo se formará un montón añadiendo uno a uno los granos. A él se debe también uno de los ejemplos más famosos de argumento indecidible, que es la llamada 'paradoja del mentiroso' (ψευδόμενον): si yo digo que 'soy un mentiroso', entonces lo que digo, que 'soy un mentiroso', es mentira, por lo cual se puede afirmar que 'no soy un mentiroso', pero en ese caso, lo que he dicho: que 'soy un mentiroso' no es mentira, luego sí soy un mentiroso, pudiendo repetirse indefinidamente este círculo que no encuentra solución. Esta paradoja habría de ser la referencia para el tema medieval de los *insolubilia*.

Platón (427-347 a.C.). En su *Historia de la lógica formal*, Bochenski aduce un texto del diálogo *Timeo* (47b), en que Platón establece por vez primera el paralelismo entre el orden real del cielo y el orden del pensamiento (mirar el cielo es mirar a los dioses-θεωρείν- teorizar-lógica):

> ... que Dios inventó la visión para nosotros y nos hizo presente de ella para que contemplando los cursos de la inteligencia en el firmamento, los pudiésemos trasladar a los movimientos de nuestro propio pensamiento, de la misma naturaleza que aquellos en tanto lo pueden ser lo perturbable y lo imperturbable, y para que tras su indagación minuciosa y una vez efectuado el cálculo de su justo caminar como corresponde a su esencia, ordenemos a imitación de los cursos circulares, libres de todo error en Dios, los de nosotros mismos.

No cabe duda de que Platón es el fundador de la dialéctica, que se considerará en la Edad Media casi equivalente a la lógica. Platón denomina a su método dialéctico διαίρεσις, que se explica fundamentalmente en su diálogo *Sofista* (218e ss.). Todo el estudio tiene como objetivo la búsqueda de una definición de lo que es el sofista: para dar una definición verdadera hay que emplear las ideas. Para Platón las ideas mantienen entre sí unas relaciones eternas, de manera que una definición adecuada del sofista implicaría conocer cuáles son las relaciones que existen entre las ideas referidas a este objeto. Debe haber una ciencia específica para conocer estas relaciones, que es la dialéctica, ciencia en relación a la cual *Sofista* se presenta como un ejercicio.

Siguiendo el procedimiento dialéctico, se debe definir lo que es un sofista sin necesidad de acudir a los sofistas que realmente existen, pues este sería un procedimiento inductivo, por lo que hay que acudir al método deductivo, que comienza con el concepto de arte y va descendiendo hasta llegar a conceptos más concretos, concluyendo en una definición del sofista como 'aquel que practica el arte de apropiarse, mediante la violencia, de la conducta humana privada de un hombre a cambio de un salario y que tiene como víctimas a los jóvenes ricos'.

La estructura del 'Organon' de Aristóteles
Aristóteles es el creador de la lógica como autor de un corpus de obras que se ocupan de esta disciplina, que se conoce como *Organon* (instrumento), basándose en una oscura referencia del propio Aristóteles, quien, sin embargo,

utiliza este término casi exclusivamente en su filosofía natural. El *Organon* está constituido por seis obras, y en las ediciones actuales se sigue el orden establecido por el escolarca del Liceo, Andrónico en el siglo I a.C.

Categorías. Es probablemente una de las obras más tempranas de Aristóteles. Trata sobre las diez formas más comprensivas de predicación. Esta obra solo se ocupa de las cuatro categorías principales y únicamente menciona las demás. Las categorías indican los distintos modos de existencia que posee aquello a lo que se refiere un término.

Sobre la interpretación. Se vincula con las discusiones contenidas en los diálogos platónicos *Cratilo, Teeteto* y *Sofista* sobre el significado de las palabras. Aquí Aristóteles introduce explicaciones relacionas con la psicología y la teoría del conocimiento. Se considera esta obra como una especie de esbozo del contenido de los *Analíticos*. Los primeros cinco capítulos tratan sobre los términos que forman las proposiciones. Los capítulos 6 y 7 tratan de la relación entre proposiciones afirmativas, negativas, universales y particulares. Estas relaciones son la base del conocido cuadro de oposición. La distinción entre proposiciones universales y particulares es la base de la teoría de la cuantificación moderna. Los últimos tres capítulos tratan sobre modalidades. El capítulo 9 es célebre por la discusión de la batalla naval, que sirve de referencia al tema medieval de los futuros contingentes.

Tópicos. Es una obra que abarca de una forma sumaria casi todos los grandes temas de la lógica aristotélica. Refleja el modo en que se daban los debates en Atenas, partiendo de una disyunción cada uno de cuyos extremos era defendido por lo que se denominará un *opponens* y un *respondens*. Los *tópoi* son los 'lugares comunes', que constituyen esquemas de argumentación útiles para la discusión, partiendo de las opiniones comunes (*endoxoi*), de todos, de los sabios o de los más sabios.

Elencos sofísticos. Es el título con el que ya en la Antigüedad se conoció el libro IX de *Tópicos*. Los elencos son técnicas que permiten refutar (por lo que la obra también se conoce como *Refutaciones sofísticas*) los argumentos del *opponens* en una discusión. Como complemento a lo que se propone en *Tópicos*, en los *Elencos* Aristóteles expone el tema de los argumentos torcidos o sofísticos, dotando de instrumentos a quien defiende la verdad para hacer incurrir en una contradicción a quien emplea esta clase de argumentos en un debate.

Analíticos primeros. Son los dos primeros libros, de un conjunto de cuatro, a los que Aristóteles se refiere como *Analytica*. Son denominados 'priora', por ser anteriores a los dos libros que constituyen los *Analíticos* 'segundos' o 'posteriora'. El primer libro tiene la función práctica de enseñar a formar silogismos: distinción de premisas y figuras; clases de refutación y confirmación; búsqueda de los principios adecuados de la argumentación. En el segundo libro se tratan diversos temas: algunas propiedades de los silogismos y su conversión; reconocimiento de conclusiones erróneas; presentación de las tres figuras –a las que los medievales añadirán una cuarta– de los silogismos.

Analíticos segundos. Constan de dos libros que se ocupan de temas muy diversos: el primero es un estudio sobre las condiciones que debe cumplir la ciencia, estando muy vinculado a la forma silogística, y utilizando sobre todo ejemplos matemático-geométricos; el segundo libro trata de indagar sobre las preguntas que deben hacerse cuando se trabaja en el conocimiento científico, y, en este caso, los ejemplos están más orientados hacia la filosofía natural.

Otras obras del corpus en que aparecen referencias a la lógica, son: *Metafísica* IV, *Retórica* y *Poética*.

La ordenación canónica del corpus de Andrónico es temática, lo que guarda relación con la tendencia a la sistematización de los comentaristas de su época. Porfirio dice que la labor de Andrónico fue organizar los tratados por temas (πραγματείαι), subrayando que se deben situar primero las obras de lógica y no la física como proponía Boethus. En contraste con el desorden helenístico del catálogo de Diógenes Laercio, Andrónico intenta organizar sistemáticamente las obras de Aristóteles para recuperar el verdadero sentido de su filosofía, oscurecido por los avatares de la transmisión de los textos.

Al comenzar con la lógica, Andrónico sigue a los estoicos, y al comenzar por *Categorías* señala ya el camino al énfasis que alcanzará la discusión sobre el conocimiento y el lenguaje. El carácter sistemático que presenta el corpus también puede ser el resultado del método usado, que sigue una serie de líneas a modo de guías: obviar el orden cronológico; considerar las obras acroamáticas o esotéricas como la auténtica expresión del pensamiento de Aristóteles; separar las obras de lógica y dialéctica en tanto que preparación o instrumento (ὄργανον) para el núcleo filosófico. Según Andrónico, *Categorías* debería ser el primero de los libros en ser leído, opinión que se mantendrá hasta que hacia el siglo VI se impone la preferencia por el *Isagoge* de Porfirio. Según sus afinidades temáticas, *Categorías* se ocupa del término en tanto que expresa el concepto; *Peri hermeneias* de la proposición; *Analíticos primeros* del método silogístico; *Analíticos segundos* de la demostración científica; *Tópicos* de la dialéctica; *Elencos sofísticos* del uso desviado de los argumentos dialécticos.

No todas las partes del corpus esotérico de Aristóteles gozaron de igual fortuna en la antigüedad. Así, la lógica como instrumento de la filosofía fue extraordinariamente apreciada, pero no lo fueron, en cambio, los escritos biológicos –con la gran excepción de Galeno–, como lo prueba el hecho de que Alejandro de Afrodisia no escribiera un comentario sobre los *Parva naturalia* u otros tratados sobre los animales. El curriculum aristotélico que se enseñaba en la Antigüedad tardía comprendía lógica, física y metafísica. En general los tratados de filosofía natural de Aristóteles, aunque eran conocidos, no despertaron gran interés, salvo por su vinculación con la filosofía. De hecho, el primer libro que suscitó el interés de los nuevos peripatéticos, como los alejandrinos Aristón y Eudoro, fue precisamente *Categorías*.

Los principios de la lógica aristotélica

La lógica para Aristóteles no es una ciencia autónoma, o, al menos, no es una ciencia desligada de los principios metafísicos que guían toda su obra. Esto le otorga unas características singulares, que trataremos brevemente:

Al no tener una naturaleza axiomática, no se puede hablar de una sistematización de la obra aristotélica sobre la base de una división de ciencias que versarían sobre objetos formalmente distintos: lógica, filosofía de la naturaleza, ética, metafísica, etc. Aristóteles aplica un único modo de reflexión, la investigación sobre el ser en cuanto ser, que se abre en campos de decir diversos, pero no arbitrarios. El ser mismo exige la apertura de *tópoi*, que constituyen el todo de la realidad natural, en el modo en que son susceptibles de una aproximación desde el lenguaje, constituyendo estudios particulares, que, no obstante, comparten la unidad metodológica característica de la ciencia del ser.

En lugar de seguir la vía de la formalización, Aristóteles opta por adaptarse a las exigencias de la materia. El lenguaje que ha de explicar la realidad debe ser tan múltiple como esa misma realidad, de modo que, por ejemplo, no puede hablarse de cuestiones éticas con el mismo lenguaje que se emplea en la ciencia de la naturaleza, o con el que utilizan los retóricos. Ahora bien, por encima (μετά) de los otros lenguajes se encuentra el lenguaje metafísico. La metafísica, al igual que el resto de los saberes, es una disciplina lingüística, es decir, se sitúa sobre el espacio abierto por los principios. Dos de ellos actúan como contrarios, para lo cual han de adoptar la naturaleza de formas, que, en el campo funcional del lenguaje, se rigen por el principio lógico de no-contradicción (*Met.* IV, 1005b ss.). La contradicción lógica, la piedra angular de la filosofía moderna, sin embargo, para Aristóteles, obtiene resultados meramente negativos: se limita a negar la coexistencia de dos principios distintos, salvo que se introduzca entre ellos el nexo del tiempo –no pueden darse A y no-A al mismo tiempo–. Mas el tiempo no es sino un reflejo del movimiento de la materia. Una materia dinámica es, pues, el tercer principio de la naturaleza común a la materia y la forma lingüísticas, consideradas como contrarios formales.

Las dificultades con que el análisis lingüístico tropieza para formalizar el componente material de los entes obliga a Aristóteles a abrir nuevos horizontes a la lógica, fundamentalmente concediendo un importante papel a la oposición de contrariedad frente a la simple contradicción. Los opuestos no son contradictorios *A-es/A-no-es*, sino contrarios *es-A/no-es-A*. Los contradictorios aristotélicos representan una forma de oposición fuerte entre argumentos o enunciados, desde el punto de vista de la posición de la cópula o su negación, mientras que los contrarios comparte el fondo lógico-material del ser sobre el que asientan su oposición. Si los contrarios son opuestos naturales físicos, y por ello su estudio debe hacerse en la Física, lo contradictorios son esos mismos opuestos desde la perspectiva del decir, y por ello han de ser estudiados en la *Lógica*.

Aunque el *Organon* tenga un desarrollo particular, tal como sucede con el resto de la obra de Aristóteles, su método y sus nociones fundamentales tienen un fundamento metafísico. A partir de este presupuesto, podemos entender la naturaleza de los primeros principios de la lógica aristotélica: identidad, contradicción y tercero excluido.

a. *Principio de identidad.* Es, para Aristóteles, categórico y sintético, lo que excluye cualquier pretensión de hacer de la claridad y la distinción las cualidades características de lo verdadero. Solo desde semejante planteamiento sintético es comprensible que, para Aristóteles, la identidad ($A=A$) se ponga de un modo categórico, negando cualquier teoría sobre mundos posibles. El ser es idéntico categóricamente, pues la posición de lo que es se da por sí misma de modo absoluto. Una estructura del ser se encuentra presupuesta en este modo de entender la identidad que distingue a Aristóteles de la concepción moderna de la identidad, que la entiende hipotéticamente, a partir de una posición hipotética arbitraria de lo que es, de la que se sigue que lo que es 'es'. Se concluiría, entonces, en una identidad hipotética (*si A, A=A*), donde la posición de A queda al arbitrio de un poder intencional o azaroso, exterior a A.

b. *Principio de no-contradicción.* Es un principio puramente lógico del decir, no del ser. La unidad categórica es la que garantiza, para Aristóteles, la perfecta homogeneidad del ser, del conocer y del decir. Se trata de una unidad compleja de lo real que se pone *per se*, de modo que cualquier negación de uno cualquiera de sus elementos supondría la aniquilación del todo. La función de la no contradicción consiste en separar absolutamente el ámbito categórico de lo que es como complejo natural, del orden hipotético de las posibilidades del decir que exceden a las del ser. El decir, por tanto, tiene la posibilidad negativa de extenderse más allá del ser, como sucede, por ejemplo, en el decir falso o en el decir poético que no trata de decir lo que es sino lo que debiera verosímilmente ser. La unidad se hace negativa en el decir como no-contradicción. En consecuencia, la oposición del ser y el no ser se dice en dos sentidos: lógicamente, la oposición es contradictoria, pues ser y no ser se oponen como afirmación y negación de un enunciado, en cuanto enunciado: *es (A)/no es (A)*; en los hechos, la oposición es la de los contrarios naturales, en los que necesariamente hay que suponer la existencia natural subyacente; el ser que siempre es, más allá de la afirmación o la negación: *es (A)/es (no-A)* (*Met.* IV, 5, 1009a30 ss). Las tres formulaciones del principio de no-contradicción:

- *Formulación ontológica* (*Met.* IV, 3, 1005b9-20): una misma cosa no puede ser atribuida (*hyparkhei*) y no ser atribuida, a la vez, desde el mismo punto de vista, a una cosa.
- *Formulación lógica* (*De int.*, 6, 71a32-35): a cada juicio afirmativo corresponde un juicio contrario negativo, y a cada juicio negativo un juicio afirmativo. Llamemos a eso contradicción, a los juicios contradictorios (*antikeímenai*): afirmación y negación. La afirmación y la negación de la misma propiedad de un mismo objeto son llamados juicios contradictorios.
- *Formulación psicológica* (*Met.* IV, 3, 1005b23-26): nadie puede creer que una misma cosa es y no es, como, según algunos, decía Heráclito; pues no es necesario que el que así habla crea lo que dice.

c. *El principio de tercero excluido* nace de la matización en la no contradicción absoluta, y lo constituye como el más directamente implicado en la cuestión de los futuros contingentes. La aplicación del principio lógico de la imposibilidad de un tercer valor veritativo entre verdad y falsedad define las dos hipótesis no aristotélicas ante la cuestión de los futuros contingentes.

Los principios de identidad, no contradicción y tercero excluido pertenecen, en la filosofía aristotélica, a órdenes diversos, no siendo principios lógicos *simpliciter*. La identidad es la posición del ser como supuesto subyacente a toda actividad natural, lo que se traduce en el decir como unidad de la predicación, en tanto que el predicado se atribuye por pertenencia virtual al sujeto. La no contradicción no es un principio categórico, pues en la naturaleza es admisible la afirmación y la negación de lo mismo. En cambio, en el decir, la afirmación y la negación de lo mismo respecto de lo mismo son incompatibles, como lo serían en una realidad estática sin movimiento, y, por tanto, sin tiempo. No-contradicción y contrariedad pueden armonizarse desde esta perspectiva: si se hace abstracción del movimiento y, por tanto, del tiempo, los contradictorios son incompatibles, en la realidad (estática), en el intelecto (no discursivo) y en la proposición (en tanto que distingue y compone). La recomposición de la unidad lógico-ontológica perdida en la oposición contradictorios/contrarios, tiene lugar en el principio de tercero excluido. Con él se reintroduce el tiempo en campo del decir.

2. Una vía alternativa: la lógica estoica

La escuela estoica llevó a cabo una serie de transformaciones sobre la base de la silogística de Aristóteles, que serían implícitamente absorbidas –aunque no enteramente comprendidas, pues desconocían su procedencia– por los lógicos medievales. La lógica estoica se caracteriza por su naturaleza dialéctica y por el predominio del silogismo hipotético frente al categórico. La lógica tiene como objeto los *logoi* o discursos, y se divide en retórica o ciencia de los discursos continuos, y en dialéctica, cuando el discurso está dividido en preguntas y respuestas. La dialéctica se divide en dos partes: la gramática, que trata de las palabras en sí mismas, y la lógica, que trata del significado de las palabras, ocupándose de las representaciones, las proposiciones, los razonamientos y los sofismas.

Entender la lógica estoica requiere sumergirse en las disputas epistemológicas en torno a los fundamentos del conocimiento, y no se puede reducir a tan solo una tipología de procedimientos o enunciaciones. La influencia de esta doctrina lógica ha marcado a lo largo de los siglos desde el pensamiento antiguo hasta el contemporáneo. A pesar del poco interés que durante mucho tiempo ha suscitado la lógica estoica, no se debe olvidar que su origen se remonta al mismo cuerpo teórico de Aristóteles, por lo que se puede decir que prácticamente la lógica estoica encontró en él su motivación, y se expandió hacia la Edad Media con los Padres de la Iglesia, hasta atraer la atención de numerosos investigadores contemporáneos en lógica y filosofía.

Es necesario un esbozo breve de la teoría estoica del conocimiento para comprender qué papel fundamental desempeña la lógica en su sistema de pensamiento. Para un pensador estoico la lógica es el medio que proporciona el tamiz más importante de cualquier relación cognoscitiva: el criterio de verdad. Sobre este se sostiene la ética, que para los estoicos es el fin de todas las cosas. Para alcanzar el criterio de verdad se debe pasar por varias fases del conocimiento en la epistemología estoica:

- La primera fase es la sensación (*aístheseis*), por medio de la que se capta una impresión que ha impactado de los objetos en los sentidos.
- La segunda es el momento en que los sentidos, dirigidos por el *hegemonikón*, trasladan la información de las sensaciones por medio de cinco pneumas al alma. La representación creada en el alma a través de esa impresión captada es una representación verdadera, puesto que parte de los sentidos.

Se trata de hacer concordar dos fases de verdad: la primera la que proporcionan los sentidos, la segunda la aceptación de esa verdad con el criterio de verdad del alma. Esta aprobación del *logos* que se da en el alma se denomina *synkatáthesis*.

Si el *logos* acepta ambas verdades como una, se obtiene la aprehensión o *katálepsis*. Esta verdad es en sí misma corpórea y material, puesto que se produce en el alma y gracias a ella se crean los conceptos. Posteriormente haré referencia a los tipos de verdad corpóreos e incorpóreos. Fue Zenón el que clarificó a este esquema epistemológico dividiéndolo en cinco fases: presencia (ἕξις), potencia (δύναμις), representación (φαντασία), aprehensión (κατάληψις) y aceptación (συγκατάθεσις).

Para continuar en el estudio de la lógica estoica es necesario hacer referencia a la lógica megárica. Uno de los errores comunes que aparecen en los estudios de esta parte de la historia es considerar una lógica estoica independiente, a lo que se añade, además, el desconocimiento de la existencia de una lógica megárica. La escuela megárica es anterior a la escuela estoica, y los fundadores de la Stoa, Crisipo y Zenón, fueron conocedores y estudiosos de la lógica que enseñaban los megáricos, Diodoro, Eubúlides, Filón y Estilpón. A estos megáricos se les pueden asignar ideas innovadoras precisas que aportaron grandes avances en la lógica y estos influirían en los pensadores estoicos.

Al mismo tiempo que comenzaba el desvanecimiento de la escuela megárica a finales del siglo III a.C., se fue produciendo un florecimiento y esplendor de la escuela estoica, y las doctrinas lógicas del momento fueron propagándose de la mano de los estoicos, razón por la cual se extendió de manera generalizada una lógica únicamente estoica en los posteriores manuales. Por ello, es importante destacar la idea de una lógica construida por ambas escuelas, donde las ideas fundamentales, el sustento y base es producto de los megáricos, y la posterior elaboración técnica y forma es producto de los estoicos.

Sin embargo aún queda mucho camino por recorrer en la investigación sobre está parte histórica de la lógica, ya que las condiciones para abordar su estudio es mucho menos favorable que en el caso de la lógica aristotélica. Mientras que de Aristóteles se han conservado escritos esenciales, en cambio, de los estoicos tan solo se conservan partes fragmentarias y en su mayoría se ha de recurrir a las refutaciones de Sexto Empírico, crítico y contrario a la doctrina estoica. Precisamente Sexto no se puede considerar un adversario común, ya que, pese a su enemistad con los pensadores estoicos, era buen conocedor de la lógica formal y aplicó su absoluto criterio escéptico para interpretarla.

A causa de la falta de material, se encuentran grandes lagunas, por ejemplo, en la lógica de los términos, cuya propia existencia diversos autores han puesto en cuestión, pese a que existe una probabilidad muy baja de que los estoicos no la hubiesen atendido en sus estudios. Otro de los problemas que se ha de resaltar, para entender en su conjunto las condiciones en la que se encuentra la lógica estoica, lo constituye la interpretación. Las piezas fragmentarias de los textos estoicos fueron 'aristotelizadas' desde el periodo clásico. Por ejemplo, se acepta en la interpretación de las variables de sentencias como variables de términos, o también se intenta comprender esta lógica desde un punto de vista formalista, sin entender que es una lógica sentencial (proposicional).

En una primera aproximación a la lectura de los textos lógicos megárico-estoicos se aprecia una diferencia considerable entre la lógica aristotélica y estoica, no solo en la cuestión de los términos y el método, sino también en la tipología de problemas a tratar, la problemática para la refutación es totalmente diferente. La distinción más significativa es que la lógica estoica es una lógica sentencial, basada y sostenida en las sentencias lógicas (proposiciones), y no en los términos tal y como en el caso de la lógica de Aristóteles. Además consta únicamente de reglas.

Tal y como se percibe en el placer que encontraban los megáricos y estoicos por la refutación no es de extrañar su tendencia a construir una lógica distinta a la de Aristóteles. Esto se aprecia en la creación de una terminología totalmente nueva por los estoicos, añadida a la ya existente creada por Aristóteles. La inclinación predominante de los estoicos por las sentencias es quizá una contribución del empirismo general que profesaban.

A través de un estudio pormenorizado de la lógica estoica uno puede darse cuenta de que, a pesar de los intentos de separación con el gran maestro lógico, el resultado de todo este movimiento doctrinal es la depuración de la lógica aristotélica formalizada, y además la segunda gran creación que realizaron los griegos en materia lógica, una especie de complementación a las faltas que se encontraban en la lógica aristotélica. Por ejemplo, los estoicos reducen las categorías de las diez aristotélicas a cuatro géneros: sujetos, cualidades, haberse de determinada forma, haberse de determinada forma con referencia de algo.

Ha sido a lo largo de la historia una parte desconocida e incomprendida de la historia del pensamiento, y sin embargo merece ser reconocida como pieza clave fundamental del orden del espíritu.

Elementos de lógica estoica

a) Los *lektá*. El punto de partida de la lógica estoica se encuentra en el concepto de *lektá* (λεκτά). Esta noción se puede comprender atendiendo a lo significado, lo significante, y el objeto. Siendo este último, el objeto, lo corporal existente en el exterior, el significante, también corporal, el sonido que representa dicho objeto, y finalmente lo significado es el objeto manifestado por ese sonido y que produce esa coexistencia en la mente.

Para los estoicos lo significado deriva de la palabra griega *lektón* ('lo dicho'), que es una representación mental y por ello es incorpóreo, tal y como entenderían los escolásticos un *conceptus obiectivus*. Los *lektá* no pertenecen a los objetos del orden del pensamiento, son proposiciones, es decir, la conjunción necesaria con la realidad que hace que el significado sea completo y verdadero. Los *lektá* se convertirán dentro de la lógica estoica en el objeto fundamental, manteniendo una posición revolucionaria dentro de esta rama del pensamiento, una lógica alzada sobre la ciencia de los *lektá*.

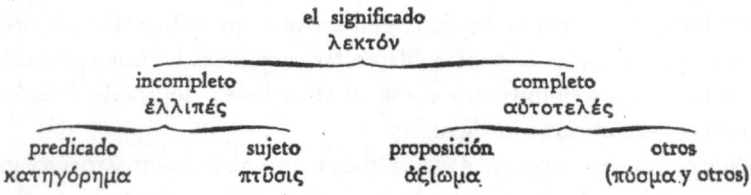

Este esquema realizado por Benson Mates representa la doctrina estoica con mayor precisión para comprender la división de los *lektá*, ya que parte del contenido se ha perdido, y el que se conserva es contradictorio y oscuro. Sin embargo, sí se ha conservado por completo la división de las proposiciones.

b) Las clases de *proposiciones*. Las proposiciones pueden ser simples o no simples (compuestas):

- Las simples no contienen en sí mismas repetición, por ejemplo 'hace sol'.

- Las proposiciones no simples son las que contienen una proposición repetida: 'si hace sol, hace sol', o varias proposiciones: 'si hace sol, es de día'. A su vez las proposiciones simples pueden ser de diferente naturaleza, determinadas, indeterminadas, e incluso ser intermedias.
- Las proposiciones definidas son aquellas que hacen referencia a algo concreto que puede señalarse: 'esta persona está sentada'.
- Indefinidas son las proposiciones que están introducidas por una partícula indefinida: 'alguien está sentado'.
- Intermedias son las proposiciones que no son definidas ni indefinidas, refiriéndose a un objeto particular, pero no pudiendo señalarse el objeto correspondiente: 'un hombre está sentado'.

Pertenece a las proposiciones no simples la condicional, es decir, aquella que se encuentra constituida por la partícula implicativa: 'si... entonces...', en la que lo segundo se sigue de lo primero. De este tipo de proposiciones implicativas los estoicos diferenciaron varias clases, tales como: inferencial, conjuntiva, disyuntiva, etc.

c) *La verdad* estoica. La verdad para los estoicos se entiende como algo corpóreo, mientras que lo verdadero es un *lektá*, y por ello una proposición, por tanto, es incorpóreo. Esta aparente inconsecuencia se explica porque los estoicos diferencian bien los tipos de verdad, lo que hace aparecer los *lektá* en sentidos diferentes: la verdad de las proposiciones, la verdad de las formas proposicionales, la verdad de los argumentos, la verdad de las representaciones, y la verdad de las sentencias.

Crisipo distingue tres tipos de representaciones:
- las representaciones creíbles y seguras (πιθανή), expresan un acto objetivo y verdadero;
- las representaciones no creíbles ni seguras (ἀπίθανος), que expresan un acto que es objetivamente no verdadero, y no real;
- las representaciones que ni son creíbles ni tampoco son no creíbles, que son aquellas que no se puede comprobar objetivamente.

Las proposiciones simples también contienen la posibilidad de ser negativas, denegativas, privativas, etc. Un ejemplo de negativa sería del tipo 'no es de noche', y también del mismo modo se da la supernegativa, que es la negación de la propia proposición negativa, por ejemplo: 'no, no es de noche'. La proposición negativa es la que se construye a partir de una partícula negativa y un predicado, por ejemplo: 'no está sentado nadie'. Por último, la proposición privativa es la que se construye a partir de una partícula perteneciente a la privativa y una potencial, por ejemplo: 'esto es desigual'.

Desgraciadamente no se conserva ninguna tabla de los valores de negación que explique detalladamente lo que querían desarrollar los estoicos.

Se debe señalar que la lógica estoica trasciende más allá de ser un método de aprehensión de la realidad o ser una parte de la teoría del conocimiento. El enfrentamiento con los platónicos hizo necesaria la práctica de la dialéctica, y también de la retórica. No es de extrañar entonces, que pusieran el centro de atención, por una parte en la lógica derivada del *perípathos* y, por otra, en el desarrollo del lenguaje, creando todo un sistema filosófico lingüístico.

Como se ha dicho anteriormente, el *logos* y las sensaciones son una forma de criterio de verdad, sin embargo no se debe olvidar que la lógica también lo es. Los estoicos se desprenden del silogismo deductivo, ya que no creían en las construcciones sobre proposiciones universales a diferencia de los peripatéticos. Por eso centraron sus esfuerzos en estudiar un tipo de silogismo deductivo, de forma hipotética y causal, prescindiendo de los universales.

El esquema generalizado del silogismo estoico sigue la siguiente estructura:

Si p entonces q; hay p, entonces q.

Para la negación se siguen dos estructuras:

Si p, entonces q; no hay q, entonces no p.
No p, entonces q; hay p, entonces no q.

Para la disyunción utilizaron silogismos de esta estructura:

O p o q; p, entonces no q.
O p o q; no q, entonces p.

d) *La dialéctica*. Lo más característico de la lógica estoica es su preocupación por el lenguaje; el formalismo lo basan en las palabras en cuanto son signos de los *lektá*. Por ello no solo su objetivo se centró en la lógica formal, contribuyeron de forma significativa al propio lenguaje o como ellos lo denominaron, la ciencia del discurso racional, constituida por la retórica, que abarca el entendimiento de los razonamientos, y la dialéctica, el método de alcanzar la verdad.

Los avances que realizaron los estoicos en lo que actualmente conocemos como gramática, el estudio del lenguaje, fueron fundamentales. Hasta el punto de que se puede tratar como punto de origen del desarrollo de esta.

Como se ha visto anteriormente, fueron con seguridad los primeros en distinguir entre 'lo pensado' y el significado de 'aquello que se ha dicho'.

Los pensadores estoicos entendían la dialéctica proposicional como un sistema completo, es decir, un conjunto de reglas y axiomas en el que cualquier argumento puede ser considerado como válido. Esta validez está sujeta a la teoría de los indemostrables. Los argumentos indemostrables son aquellos que no necesitan demostración, y se pueden presuponer concluyentes. Los indemostrables comprometen la validez lógica de los argumentos con la idea del sistema lógico. El concepto indemostrable (ἀναπόδεικτος) define la naturaleza de la lógica estoica, en cuanto que es un conjunto interrelacionado de argumentos y que mediante las conexiones demostrativas de estos, se construyen principios y reglas que no necesitan demostración.

En conclusión, los estoicos encuentran su autenticidad y originalidad en el intento de dar solución a las verdades confusas implícitas en el estudio aristotélico. Quizá esto como premisa ayude a comprender las ideas que propusieron bajo la luz aristotélica que les guiaba. De esta forma se entiende que la actitud que los estoicos toman hacia Aristóteles no fue de simples comentaristas, sino de rígidos críticos. A su vez, muchas de sus posiciones son consecuencia de intentar continuar hasta el final las consecuencias lógicas que se hallaban en las teorías aristotélicas. Por ello, los cambios y modificaciones que aparecen en los estoicos no surgen del resultado de una mera simplificación o el deslumbramiento por las paradojas del conocimiento, sino como el resultado de un enmarañado y complejo estudio de problemas filosóficos fundamentales.

3. La recepción neoplatónica del *Organon* en Boecio

El término 'neoplatonismo' fue acuñado en el siglo xviii por la escuela alemana en relación con el llamado 'platonismo medio', como denominó Karl Praechter al periodo que va desde el siglo i a.C. a los comienzos del siglo iii d.C., cuyos límites, desde un punto de vista doctrinal, serían la fase escéptica de la Academia de Platón, que ya trata de ser superada por Antioco de Ascalón, y el platonismo sistemático de Plotino, dividido en un campo ecléctico proaristotélico, y un campo ortodoxo antiaristotélico. El neoplatonismo es esencialmente una filosofía exegética, que se ocupa, ante todo, de la interpretación de los textos de Platón y de los platónicos de la Antigüedad, incluyendo los cristianos. Junto a los textos de Platón, los neoplatónicos comentan los textos de Aristóteles, en cuanto que son relevantes para comprender aquellos. Esta forma de actividad filosófica se vincula con la actividad escolar, a través de la lectura de un corpus de obras que cada escuela defiende como fuente de autoridad, en este caso, las obras de Platón.

Anteriormente, el sucesor de Aristóteles como escolarca en el Liceo, Teofrasto, fue bastante mencionado ya en la Antigüedad, y se lo considera innovador en ciertos aspectos de la lógica:

- la adición de cinco modos nuevos a la primera figura silogística;
- la consideración del silogismo hipotético, además del categórico aristotélico;
- la noción del silogismo prosléptico (una variación del silogismo categórico con un término potencial que se hace explícito); p. ej.:

De todo lo que se dice de todo hombre, se dice también substancia
animal se dice de todo hombre
luego substancia también se dice de todo animal.

La función escolar de la lógica antigua
La filosofía helenística hasta los primeros siglos de nuestra era se configuró como un sistema escolar, y las cuestiones de escuela adoptaron pronto la forma de un conjunto orgánico de comentarios a los textos originales de Platón y Aristóteles, en los que los comentaristas trataron de aproximar las doctrinas de los dos filósofos, haciendo que cada una de ellas supliera las carencias de la otra.

La exégesis de Aristóteles está orientada a preparar a los estudiantes para las más altas ideas de Platón, invirtiendo el orden histórico. Después de las lecturas éticas, se abordan los 'misterios menores' contenidos en las obras de Aristóteles dedicadas al conocimiento de las palabras y los conceptos (*Categorías, De interpretatione*) y del mundo físico (*Física, De caelo*), para concluir en los 'misterios mayores' de la metafísica de Platón.

Los platónicos usaban a Aristóteles como un medio para acceder a Platón, para lo cual se valían de tres medios: considerar que las exposiciones de Aristóteles de las ideas de Platón tenían como fin preservar las enseñanzas de su maestro; que Aristóteles habría aportado una visión más sistemática recogida ya en algunos diálogos de Platón; y que los desarrollos en lógica de Aristóteles se encontraban ya prefigurados en Platón. El resurgimiento del comentario en el siglo i a.C. se produjo tanto entre los platónicos (Lucio, Nicostrato) como en los peripatéticos (Eudoro, Boethus, Jenarco), y tenía como objetivo común poner de manifiesto cómo la búsqueda de la verdad era una tarea cooperativa, consistente en encontrar el sentido de sus múltiples manifestaciones.

Los comentarios neoplatónicos iban acompasados con el curriculum de la enseñanza en las escuelas, con una intencionalidad sistemática. Jámblico leía doce diálogos de Platón, que culminaban con los dos que se consideraban 'teológicos': *Timeo* y *Parménides*. Siriano y Proclo estudiaban primero a Aristóteles como expositor de los 'misterios menores', para introducir 'los misterios más elevados' de Platón. Amonio afirma explícitamente que Aristóteles es el primer escalón en el ascenso al Uno-Dios neoplatónico revelado en los Diálogos 'teológicos' de Platón. Ese ascenso tenía su correspondencia en el canon de los estudios, que debía comenzar en la lógica aristotélica, para continuar con la ética, física, matemáticas y teología. En los comentarios a *Categorías*, a partir de Amonio, se solía incluir una introducción a la filosofía de Aristóteles en la que, en diferente orden y formulación, se solían plantear diez cuestiones:

Cómo llegaron a designarse por sus nombres las diferentes escuelas, cuál es la división de los tratados aristotélicos, por dónde se debe comenzar a estudiar esos tratados, cuál es la finalidad de la filosofía de Aristóteles, qué nos conduce a ese fin, cuál es el estilo de los escritos de Aristóteles, por qué Aristóteles escogió un estilo tan oscuro, qué clase de intérprete se requiere para explicar los argumentos, quiénes pueden ser admitidos en las lecciones y en cuántos capítulos deben dividirse los tratados de Aristóteles.

La técnica escolar dividía en dos partes el comentario: una προθεωρία o discusión general de la doctrina previa y una discusión del texto (ἐξήγησιν τῆς λέξεως). Cada porción del texto leído y comentado corresponde a una lección (πρᾶξις).

El carácter nuclear de la lógica se hizo patente cuando la enseñanza intentó la reformulación silogística de los tratados filosóficos antiguos, que es quizá el ejercicio (γυμνασία) escolar más característico de estas escuelas. Para llevarlo a cabo se utilizaba la preceptiva del *Organon* aristotélico, lo que confirma el papel propedéutico que se le otorgaba en esa época a la doctrina aristotélica, aunque, paradójicamente, la reformulación era aplicada particularmente a los propios escritos aristotélicos, en los que no se halla ni un solo silogismo explícitamente formulado de manera que, sobre todo a partir de Simplicio, se hace evidente la tendencia a que la axiomatización reductiva de la forma lógica se imponga sobre la complejidad textual de los escritos aristotélicos. La reformulación silogística tenía como objetivo escolar fundamental la verificación de la coherencia interna de los razonamientos, sacando a la luz las posibles desviaciones sofísticas, de modo que el núcleo de interés se desliza progresivamente desde las variables a las conectivas, desde el contenido doctrinal a la validez de las implicaciones argumentativas.

El 'Isagoge' de Porfirio

De entre los comentarios neoplatónicos a la lógica de Aristóteles, destaca la obra *Isagoge* de Porfirio (ca. 234-305), que en la traducción de Boecio llegará a ser una de las partes, e incluso la principal, de la *logica vetus* medieval. Porfirio escribe el *Isagoge* como una introducción a las *Categorías* de Aristóteles, obra que suponía dirigida a los estudiantes menos formados, que solo se ocupa de las palabras y no de los seres (*In Cat.* 56, 31). Además, de sus dos comentarios a *Categorías*, sabemos que Porfirio escribió otros comentarios de obras de Aristóteles, tanto de lógica como de metafísica y ética. Comparte la concepción de Aristóteles de que el ser se dice de muchas maneras y que no es un género. Porfirio expone la doctrina del género y la especie, creando un orden que se conocerá como 'árbol de Porfirio', en que se elabora un esquema dicotómico, influido por la dialéctica platónica, que permite definir lógicamente todos los seres.

Por ejemplo, el hombre se define partiendo del género más amplio, el de substancia, que se va dividiendo en dos ramas, que son diferencias: compuesto-simple, de las que se sigue una de ellas, que se toma como nuevo género, que, a su vez, se subdivide en dos diferencias, constituyendo un nuevo género, y así sucesivamente hasta llegar a una última, que es la definición: cuerpo-viviente-sensible-animal-racional.

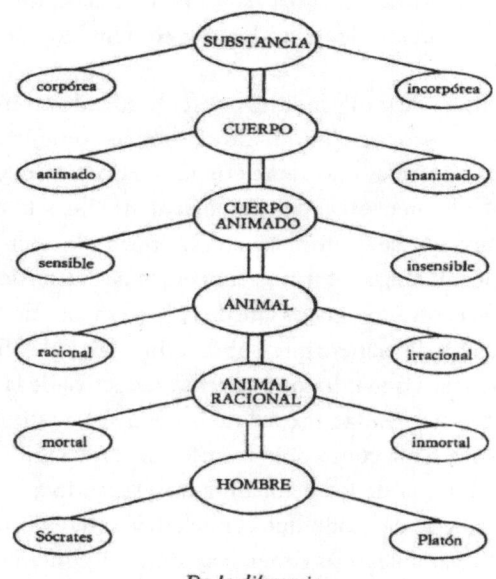

De la diferencia

Para Porfirio, el género es principio u origen respecto a las especies que se encuentran bajo él, lo que será retomado por los neoplatónicos en su concepción de la jerarquía de los seres, que se considera compatible con la doctrina de los géneros y las categorías de Aristóteles. Porfirio combina la teoría aristotélica del género, la especie y la diferencia con la del *Sofista* de Platón del género y la división, lo que también tendría consecuencias metafísicas y teológicas en la concepción de una jerarquía divina, donde la divinidad es un género, con diferentes niveles de seres divinos determinados por diferencias específicas.

Las traducciones del 'Organon' de Boecio

La historia de la recepción de Aristóteles en el mundo latino se remonta al siglo I a.c., pero las traducciones y comentarios son de la Antigüedad tardía, particularmente de los siglos IV-VI d.C., estando todos ellos dedicados exclusivamente a la lógica, salvo una traducción del tratado pseudoaristotélico *De mundo*, atribuido a Apuleyo. La literatura sobre Aristóteles en el mundo latino se centró exclusivamente en el *Organon*, acompañado por el *Isagoge* de Porfirio. La recepción tiene lugar por medio de traducciones (Mario Victorino y Boecio), comentarios (Boecio), paráfrasis, pequeños escritos sobre diferentes tópicos (casi todos de Boecio) y aportaciones en tratados enciclopédicos (Mario Victorino, Casiodoro e Isidoro de Sevilla). Muchos de estos escritos fueron conocidos como *logica vetus*, siendo los textos de referencia de los autores latinos de la Edad Media hasta el siglo XII. Aunque comentaristas como Mario Victorino, Boecio o Casiodoro son cristianos, no hacen explícita su fe en sus comentarios, en un contexto en que la patrística estaba planteándose los límites del uso de la lógica en teología.

Las primeras traducciones de tratados lógicos del griego al latín que tuvieron amplia difusión en la Edad Media son de Boecio: *Categoriae* y *De interpretatione*, más el *Isagoge* de Porfirio, que se tuvo por una obra del propio Aristóteles. Parece que ya en el siglo II Apuleyo había expuesto en latín el *De interpretione*, y que en el IV Mario Vitorino había adaptado al latín el *Isagoge*, pero es Boecio en el siglo VI el principal comentarista romano, cuando intenta cumplir su objetivo de hacer accesible a Aristóteles al mundo latino, anunciando su propósito de traducir y comentar todas las obras tanto del propio Aristóteles como de Platón de las pudiera disponer (*In Int.* 2, 79-80, 1), lo que llevó a cabo al menos en el caso de los escritos de lógica, trasladando las técnicas que había empleado Porfirio en sus exégesis.

Anicio Manlio Torcuato Severino Boecio (480-524) fue hijo de familia patricia. Después de estudiar en Atenas ocupó cargos con Teodorico, que le condenó a muerte acusado de conspirar contra él en Constantinopla. Una gran parte de sus obras son traducciones y comentarios de las obras filosóficas griegas, entre las que destacan las obras lógicas de Aristóteles. Al final de su vida, en prisión, Boecio redactó la *Consolación de la filosofía*, donde expone su concepción sobre la felicidad y la providencia. Tanto por su filosofía, próxima al neoplatonismo, como por sus traducciones de las obras lógicas aristotélicas, Boecio habrá de ser un eslabón fundamental para conectar el mundo antiguo con el medieval.

Filósofo, pero al mismo tiempo teólogo, Boecio se basó en el ideal de la *symphonia* neoplatónica para oponerse a las herejías a propósito de la Trinidad. Su neoplatonismo se hace patente en su principal obra metafísica, *De hebdomadibus*, donde organiza el discurso sobre el ser en nueve reglas ordenadas axiomáticamente: la regla general de ordenación; es distinto el ser (*esse*) y lo que es (*id quod est*), que ya ha recibido la *forma essendi*; lo que es (*quod est*) puede participar de otra cosa, mientras que el ser mismo (*ipsum esse*) no participa de nada; todo lo que es ente tiene algo que está fuera de él, pero no en el caso del ser; la distinción entre substancia (*tantum esse aliquid*) y accidente (*esse aliquid in eo quod est*); la primacía ontológica del ser respecto a lo que es; los dioses son simples, mientras que los seres inferiores son compuestos; en todo ser compuesto el ser es distinto de lo que es; lo semejante desea lo semejante, por lo cual en las substancias ha de haber algo bueno que desea el bien del ser mismo.

En *De trinitate*, Boecio se plantea el problema del tipo de predicación respecto de Dios y las criaturas, que necesariamente ha de ser equívoca, tesis en cuya justificación expone una nueva teoría de las categorías, una teoría de la predicación y una tipología de los principales modos, destacando la distinción entre la predicación esencial (*de subiecto*) y la predicación accidental (*in subiecto*). Contra lo que era común en su época, los comentarios de Boecio no son escolares, lo que explica su sencillez y la ausencia de la sofisticación argumentativa característica de los griegos.

Boecio determina que la finalidad de la filosofía es la contemplación de Dios y expresa su propósito de demostrar la armonía de Platón y Aristóteles, siguiendo la intención de Porfirio de integrar sus doctrinas en una filosofía singular. Boecio considera las *Categorías* como una introducción a la verdadera filosofía que Aristóteles reserva para la *Metafísica*. Además, defendió la posición sobre los universales que se conoce como 'realismo abstraccionista', según la cual el hombre conoce mediante los universales, que consisten en captar las formas de los particulares por las que pertenecen a un género o especie determinada.

La descripción de las propiedades universales se refiere sobre todo a las propiedades cualitativas esenciales que se aplican a todos los individuales completamente (*in singulis tota*), sin grados, lo que se relaciona con la tesis de Aristóteles de que no hay grados en la substancia. Boecio introduce el concepto de persona fuera de su uso teológico. La individualidad es una *collectio proprietatum*, procediendo la forma de cada individuo no de la substancia, sino de los accidentes, que es lo que produce la diferencia en número. También hace uso Boecio de la lógica en un contexto teológico, lo que era común entre los filósofos griegos de su época, y que servirá de modelo para los medievales.

4. La lógica en la era del monasterio (s. vi-ix)

Los primeros siglos medievales se caracterizan por la búsqueda de la protección ante los peligros que la caída de la civilización romana había provocado en Occidente. La vida se reduce a la supervivencia, que se busca en el mundo rural, donde el castillo feudal es el núcleo en torno al que se articulan las comunidades humanas. En el ámbito cultural es el monasterio el que representa ese intento de supervivencia, pues tras los muros monásticos se conservan los libros y se enseñan las disciplinas clásicas desde una orientación cristiana.

El primer foco de la vida monástica se da en Irlanda, que había sido evangelizada por san Patricio. Además de las letras latinas, en el pujante movimiento de las escuelas de los monasterios destaca la cultura y poesía irlandesa y las letras. Beda el Venerable (673-735), originario de las oscuras tierras de Northumbria en el norte de Inglaterra, ha dejado un *Tratado de la naturaleza* basado en la *Historia natural* de Plinio, así como una historia eclesiástica y un tratado de los tropos que inspiró a la retórica medieval. Más tarde, los primeros grandes monasterios aparecen en el sur de la Galia, como en Marsella o Arlés, y en el norte, en París y Santa Genoveva.

En principio, la vida monástica está marcada por la influencia de la vida contemplativa oriental, hasta que Benito crea una nueva regla, donde la contemplación se completa con el trabajo intelectual y manual (*ora et labora*). Benito, nacido en Nursia en 480, por ser de familia noble estaba destinado a ocupar cargos civiles, pero se retiró solo al sur de Roma, hasta que fue llamado como abad por el monasterio de San Blas, donde intentó someter a la disciplina a los monjes, pero incluso llegó a sufrir un intento de envenenamiento. Tras otras tentativas de hacer nuevas fundaciones, en 529 funda el monasterio de Casino, donde redacta su *Regla*, y donde acabó sus días en 547.

La *Regla* tiene dos partes seguidas por un apéndice y un epílogo. La primera parte trata sobre las tres virtudes benedictinas: la obediencia, el silencio y la humildad. Se reglamenta minuciosamente la vida del monasterio (*opus Dei*) mediante la distribución de los momentos de oración del monje: maitines, laudes, prima, tercia, sexta, nona, vísperas y completas. La actividad de los monjes se reparte entre el trabajo manual y la *lectio* divina (*ora et labora*; posiblemente ampliado a *legere* y *meditari*). Se insiste en evitar la ociosidad de los monjes, escuela de todos los vicios, y se recomienda el enclaustramiento y la acogida caritativa de huéspedes. Con la *Regla* de San Benito se inicia la llamada 'era monástica', que concluiría con la muerte de San Bernardo (1153).

Esta época se divide en cinco periodos: expansión del monacato (VI-VIII); unificación bajo la regla de San Benito (IX); reforma cluniacense (X); desarrollo de la vida eremítica, como en el caso de los cartujos (XI); reforma cisterciense (XII).

Las primeras formas de la lectura monástica

Una forma primitiva de lógica espiritual está implícita en los principios de la vida del monasterio: la intelección pura y la espiritualidad. Los ejercicios de los monjes son la lectura, la meditación y la contemplación (*legere, meditari, contemplari*). La lógica en esta primera fase de la era del monasterio se ejerce a través de las técnicas de la lectura de los textos sagrados. La lectura en el monasterio es lenta, pues se busca interiorizar el *verbum* divino expresado en la letra, que es sagrada, a lo que corresponde una meditación que es esfuerzo por digerir (*ruminatio*) las palabras que deben dejar su alimento espiritual en el alma del lector. La lectura se concibe, por tanto, como una mediación entre la *littera* sagrada y el alma.

Siendo la letra portadora de salvación, se la considera como la unidad fonológica básica, en detrimento de la palabra o la frase, por lo que la escritura sigue siendo, como en la tradición antigua, continua, sin espacios entre las palabras, una *scriptura continua* que invita a la lectura en voz alta, pues solo así es posible la separación de las palabras y las ideas para encontrar el sentido de lo escrito.

El espíritu de la lectura antigua obligaba a la declamación pública del texto, como corresponde a una civilización eminentemente social, pero cuando, en la lectura monástica, su finalidad es la contemplación interior, el silencio, la *ruminatio* se exterioriza como un musitar para sí, que acompaña a la vista que recorre las líneas escritas. Esto explica el domino de lo gramatical, pues se trata de que la lectura sea absolutamente fiel a la *littera*, para que el lector interprete el sentido literal según el ritmo que separa los elementos gramaticales. La lectura interior era motivo de admiración, como nos recuerda Agustín en un pasaje de las *Confesiones* en el que, refiriéndose a uno sus primeros encuentros con san Ambrosio, representa a su maestro atareado por multitud de hombres y ocupaciones, de modo que solo en sus ratos libres 'se dedicaba a reparar el cuerpo con el sustento necesario o el alma con la lectura. Cuando leía, sin pronunciar palabra ni mover la lengua, pasaba sus ojos sobre las páginas, y su inteligencia penetraba en su sentido'.

En esas condiciones, los conflictos de interpretación tenían lugar en unos niveles de extraordinaria sutileza, como ilustra un episodio sucedido al maestro Lanfranco a su llegada al monasterio de Bec, donde leía un texto durante la comida cotidiana, 'y leyendo pronunció una palabra con el acento adecuado, pero de una forma que no le agradó al religioso que presidía, que era iletrado, y le ordenó que pronunciara de otra forma. Entonces aquel hombre docto [Lanfranco], sabiendo que se debe mayor obediencia a Cristo que a Donato, renunció a la pronunciación exacta y cometió el error que se le había ordenado. Sabía que variando la cantidad de una sílaba no se cometía pecado mortal; pero no sería una falta leve desobedecer a quien ordena en nombre de una autoridad que le viene de Dios' (*Vita Lanfrancini*, 2; P-L. 150, 32).

La veneración por la *grammatica* antigua viene, pues, a confluir con la *humilitas*, que es la condición para la purificación eclesial. La cadencia rítmica del musitar silencioso anuncia la transición hacia las formas culturales institucionales de la escolástica, pero, también, preserva el núcleo de la intimidad que será reivindicado por los reformadores modernos para dar a luz al nuevo sujeto. En el siglo VII, San Isidoro logrará sistematizar los requisitos que debe reunir el lector de estos textos, que necesitan de una lectura previa a fin de familiarizarse con los significados de las palabras y hacer un análisis gramatical para determinar los límites de las frases y de las ideas, lo que permite captar el sentido de lo que se dice.

La exégesis de los textos de la Biblia señala el tránsito desde el sentido literal al sentido espiritual del texto. En un ambiente religioso, el comentario se refiere a un texto que es obra del *auctor principalis*, que en el caso de los textos sagrados es el enunciador divino, aunque quien realmente transcribe el texto es el *auctor ministerialis*, receptor de la palabra divina y segundo enunciador. Es en el trabajo de los exégetas donde se constituye una nueva forma de comentario, en el que la glosa es una forma avanzada de exégesis que presupone la distinción entre *littera, sensus y sententia*, lo que hace que el comentario evolucione desde la literalidad, que era objeto del análisis puramente gramatical (letra del texto) de los primeros 'lectores', hacia el sentido, que proporciona el contexto geográfico, histórico y tropológico-gramatical, para acabar planteando, aún tímidamente, enunciados o problemas (*sententiae*) que pueden deducirse del texto.

La forma de comentario más importante es el comentario homilético, que tiene unas claras intenciones prácticas en tanto que su objetivo es la predicación de la nueva fe, pero no por ello dejan de percibirse los fuertes lazos que lo asimilan al comentarismo antiguo pagano. De hecho, ya desde los primeros comentarios griegos se tendía a confundir la intención teórica de comprensión del texto con la intención práctica de ayuda en el camino de purificación moral, y también en las escuelas del primer periodo helenístico se da la conjunción entre la doctrina que cada escuela defiende y el modo de vida que propone. La filosofía escolar antigua era exegética, pero la interpretación de los textos se entendía no solo como una actividad teórica, sino también como la elección de un modo de vida y como una tarea de purificación. Ciertamente, los textos de la exégesis filosófica no eran sagrados como lo serán los de la exégesis cristiana, pero la inclinación sincrética de las escuelas clásicas tenderá a difuminar la separación entre lo sagrado y lo racional, a causa del origen revelado que se le atribuyó a todas las clases de textos, fueran religiosos o filosóficos.

De la antigüedad romana y de la baja latinidad, la Edad Media heredó casi exclusivamente un género de literatura didáctica que había conocido su apogeo en los *Disciplinarum libri* de Varrón (116-27 a.C.), obra que está esencialmente orientada hacia las artes liberales. Los principales testimonios de la cristianización de la didáctica romana son: las *Institutiones saecularium litterarum* de Casiodoro (490-583), verdadera enciclopedia del saber profano destinada a fundar un programa de educación monástica; las *Etymologiae* u *Orígenes* de Isidoro, obispo de Sevilla (560-636), fueron compuestas en la España visigoda del siglo VII, y constituyen una suma del saber antiguo que combina las fuentes de una enciclopedia y de un diccionario donde se entremezclan la dialéctica y la doxografía filosófica. Isidoro no es en realidad un filósofo, y su conocimiento de los autores griegos depende de los Padres de la Iglesia. Parte de la convicción de que la naturaleza de las cosas se descubre a través del origen de sus nombres. Los veinte libros de las *Etimologías* contienen una recopilación del saber sagrado y profano con carácter taxonómico, bajo la convicción de que se comprende mejor la naturaleza de una cosa si se conoce la naturaleza de su nombre. Su método es heuremático, busca a los primeros inventores, como lo habían hecho los gramáticos alejandrinos. *Etimologías* se ocupa de temas tan dispares como la gramática, la historia, los oficios de la Iglesia, los Estados, los animales, la mineralogía, los vestidos o la alimentación, y constituye un modelo muy imitado en la literatura enciclopédica medieval.

Siendo el cristianismo una religión con pretensiones de universalidad, la difusión de su mensaje mediante la predicación tiene un papel capital, por lo que dominar el *ars praedicandi* será una de las motivaciones pedagógicas constantes en la Edad Media. En el contexto cristiano, el predicador se asimila al *grammaticus*, en la medida en que la explicación filológica de las dificultades de la letra del texto está muy vinculada con la comprensión del sentido, del espíritu de su contenido.

La interpretación de los textos sagrados que propone Agustín está en consonancia con su concepción de la filosofía, pero continúa también con la utilización de las técnicas de las escuelas dialécticas romanas. Tal como aparece en las *Enarrationes in Psalmos*, el comentario agustiniano recorre varias fases:

- La *fragmentación del texto* (*discretio*), dividiéndolo en versos sobre los que se ejerce una suerte de interpretación que sigue el modelo de la técnica gramatical.
- La *lectio* era requerida por la necesidad de estructurar el texto, debido a la práctica de la *scriptura continua*, donde es función de la propia lectura separar las palabras y las frases mediante las pausas y la entonación.
- La *emendatio* trata de corregir las omisiones debidas a la transmisión, no solo tiene un sentido filológico, sino más bien un sentido intencional, para el que sirve como canon la regla de la fe.
- La *explanatio* es la fase más puramente interpretativa del texto, comprendiendo la paráfrasis y la interpretación de los términos y del contexto histórico.
- El *iudicium* clásico, que es la fase valorativa, falta enteramente en Agustín.

La superposición de la gramática sobre el arte del razonamiento filosófico, presente en Agustín, se extenderá a la época de la reforma benedictina, la más oscura de los largos siglos medievales, donde una cultura que es exclusivamente monástica, oculta tras anchos muros en las celdas, los refectorios y los *scriptoria*, se circunscribe a la meditación sobre la palabra de Dios revelada en los Libros Sagrados.

5. La *Dialectica* y las artes liberales (s. IX-XI)

Desde el siglo VIII hasta casi el final del milenio la civilización europea sufrió un fuerte declive por el agotamiento del impulso civilizador del legado romano y la irrupción en el sur de los árabes, que dominaban las rutas comerciales del Mediterráneo, y de vikingos y normandos, que hacían frecuentes y destructivas incursiones en el norte. La cultura europea permanecerá en estado latente en los monasterios durante los llamados 'siglos de hierro' medievales. Solo una tenue luz brilla en este periodo, en la corte del emperador franco-germánico Carlomagno.

En los primeros siglos del cristianismo se siguió el esquema de Isidoro de Sevilla, quien había dividido la lógica como disciplina general en 'dialéctica', que se ocupa de distinguir lo verdadero de lo falso, y 'retórica', que es una aplicación a la vida social. El término 'dialéctica' se impone casi universalmente a comienzos del XII para designar la disciplina que dirige el ejercicio de la sola razón humana, que ya autores como Pedro Damián oponen al verdadero saber de la teología, mientras que Anselmo habla incluso de '*haeretici dialecticae*'. En cambio, Abelardo, Hugo de San Víctor o Juan de Salisbury fueron agrandando el papel de estos estudios en el curriculum filosófico mientras se producía el redescubrimiento de los escritos aristotélicos. La paulatina sustitución de la dialéctica por la lógica será paralela a la polémica de los 'lógicos' o '*moderni*', concluyendo en el siglo XIV.

El llamado 'renacimiento carolingio', expresión forjada por los estudiosos cristianos que intentaban imitar la pasión que suscitaba la obra de Buckhart *La cultura del Renacimiento en Italia*, es, en realidad, tan solo una reforma de los estudios promovida por el círculo clerical que rodeaba al emperador Carlomagno, compuesto entre otros por Alcuino y Eginardo, que trasladan a la escuela palatina el modelo educativo de los monasterios. No se trataba tanto de retornar a fuentes paganas, como en el Renacimiento premoderno, cuanto de hacer a la cultura cristiana más cultivada a base de promover su encuentro con la cultura pagana. Eginardo (775-840), quien en teología adopta el agustinismo, particularmente en sus referencias políticas, que podían afianzar la autoridad imperial, es el que instituye por vez primera el programa de las artes liberales.

Alcuino de York (735-804) es el alma de este renacer de los estudios clásicos, fue consejero áulico del emperador, escribió un *Tratado de la realeza* y una *Teoría de las categorías*, en que discute la división aristotélica de los términos en homónimos, sinónimos y parónimos, aunque su investigación estaba lastrada por su escaso conocimiento del griego. Su mayor contribución fue la dirección de la Escuela palatina, sobre cuyo modelo se desplegarán las escuelas cristianas en Occidente. Alcuino no trata de cultivar al pueblo directamente, sino a través de la corte y su círculo, de modo que el emperador es el 'primer estudiante' del Imperio. Se debe a Alcuino la división y la precisión en el sentido de cada disciplina de las artes liberales:

El *trivium* engloba las *artes sermocinales*, que enseñan la expresión elegante (gramática), razonadora (dialéctica) y adornada (retórica), mientras que el *quadrivium* reúne las *artes reales*: el número (aritmética), espacio (geometría), las esferas celestes (astronomía) y la armonía (música).

Trivium	Artes sermocinales (del decir) *Gram. loquitur, Dia. vera docet, Rhet. verba colorat*	Gramática, Retórica, Dialéctica (Lógica)
Quadrivium	Artes reales (de lo dicho) *Ar. numerat, Geo. ponderat, As. colit astra, Mus. canit*	Aritmética, Geometría, Música, Astronomía

Se puede decir que la historia de las artes liberales ilustra la transición desde la cultura antigua a la medieval. Lógica y gramática son dos disciplinas del *trivium* y siempre estuvieron conectadas. La obra del gramático antiguo Prisciano (fl. 500) fue influyente en las dos disciplinas. Especialmente en el movimiento de los *modistae* (tránsito del XIII al XIV) la gramática dominó a la lógica.

En el mundo romano las artes liberales son los estudios que convienen a los hombres libres, en oposición a las *artes mechanicae* (*lanificium, armatura, navigatio, agricultura, venatio, medicina, theatrica*), que son las enseñanzas de los esclavos. La primera vez que se enumeran las siete artes clásicas: gramática, dialéctica, retórica, geometría, aritmética, astrología y música, es en la obra de Varrón († 27), quien añadía también medicina y arquitectura. También aparecen en otros autores medievales, como Martianus Capella (410-439), en su *De nuptiis Philologiae et Mercurii*, Casiodoro (544), en *Institutiones saecularium lectionum*, Isidoro de Sevilla (622), en *Etimologías*, Hugo de san Víctor, en *Didascalicon*, Juan de Salisbury, en *Metalogicon*, o Thierry de Chartres, en *Eptateucon*. Tardíamente, en el manuscrito anónimo de Ripoll (1250), se expone que para los candidatos a examen en artes la filosofía se divide en *naturalis* (metafísica, física, matemática), *rationalis* (gramática, retórica, lógica) y *moralis* (ética aristotélica).

Se produce un cambio en el *trivium* cuando hacia 1130-1160 se inicia una oleada de recepción del *Organon* aristotélico, y luego en el *quadrivium* cuando entran los libros naturales aristotélicos con los comentarios árabes. En este momento las escuelas monacales son sustituidas por las escuelas episcopales, lo que supone que la cultura se integra en la incipiente vida urbana.

La lógica en las escuelas catedralicias

A partir del siglo XI, empiezan a convivir las escuelas monásticas rurales con las escuelas episcopales y catedralicias urbanas. El monasterio vive en un medio feudal, que tiene su centro en la abadía, donde la apropiación de los textos se efectúa según el modelo de los *grammatici* romanos, dentro de un ideal contemplativo. Cuando se produce la revolución urbana, las escuelas son capitulares o episcopales, y luego se organizan en torno a las catedrales de las nuevas ciudades, que representan un mundo activo que precisa de la comunicación. Hay un resurgir de las artes liberales frente a la contemplación de la Escritura. Orleans cultiva la gramática, Chartres el *quadrivium*, París la dialéctica. Proliferan las escuelas en Angers con Ulgerio, Reims con Alberico o Auxerre con Gilberto, a las que comienzan a afluir los estudiantes que buscan el conocimiento filosófico.

En Francia, a comienzos del XI, se había creado la escuela catedralicia de Chartres por el discípulo de Gerberto de Aurillac (el papa Silvestre II), Fulberto, que llegaría a ser obispo de la ciudad (1007-1028), y que introduce allí las enseñanzas de su maestro. A lo largo del XII la escuela se convertiría en uno de los principales centros europeos en el estudio de las artes liberales, cuya figura principal es Juan de Salisbury. También se fomentaron los estudios en ciencia natural en el seno de la enseñanza del *quadrivium*. Algunos de los primeros cancilleres de la escuela fueron Gilberto Porreta (1076-1154) y su sucesor Bernardo de Chartres (c. 1080-1124/30).

Los denominados 'platónicos' de Chartres practican el *quadrivium* mediante la interpretación del *Timeo* de Platón, al que denominan 'príncipe de los filósofos'. Aunque los chartreanos son platónicos fervientes, apenas conocen nada de Platón: solo un fragmento del *Timeo* (17a-53c) y algunos pasajes del *Fedón*, *Teeteto* y *Político*. Lo que se entendía por pensamiento de Platón era en realidad una mixtura confusa de pensamiento neoplatónico, que reunía textos helenísticos animados por la experiencia religiosa cristiana, judía o islámica, que se fundían con tesis estoicas y de otras procedencias.

Gilberto Porreta (1079-1142) nació en Poitiers y estudió en París con Guillermo de Champeaux, sucediendo como canciller de la escuela chartreana a su fundador, Bernardo de Chartres (1126). En relación con el problema de los universales la posición de los porretanos fue original, no situándose claramente en el lado de los nominalistas ni en el de los realistas. Los nombres comunes apelativos se refieren a muchos individuos en una naturaleza común por obra de la unión o conformidad (*conformitas*). Se distingue así entre unión y unidad, perteneciendo esta última solo a Dios, como en el caso de la unidad de las tres personas divinas.

Alain de Lille (1116-1202), discípulo de Gilberto, enseñó en la montaña de Santa Genoveva hacia 1170. Es el último representante de la escuela porretana, y ejemplifica la síntesis a menudo contradictoria de todas las corrientes del XII, desde Abelardo a san Bernardo. Cada ciencia tiene sus propios principios, que tienen sus nombres particulares:

Gramática-reglas, dialéctica-máximas, retórica-lugares comunes, ética-proposiciones generales, física-aforismos, aritmética-corolarios, música-axiomas, geometría-teoremas, astronomía-excelencias.

Alain considera la lógica como un instrumento auxiliar para resolver problemas trinitarios, sobre todo a través del recurso a las distinciones. En relación con el problema de la esencia divina sostiene que mientras en una criatura como el hombre la *humanitas* y el *homo* son distintos, en Dios la *Deitas* y *Deus* son lo mismo: *Quia Deus est Deitas*.

Este tema enlaza con el problema de los universales. La unión, que es la naturaleza común de los universales, no es una cosa (*res*), sino una *conformitas* o similitud de efectos, como habían sostenido el Pseudo-Dionisio y Escoto Eriúgena. En el Areopagita se encuentra ya la distinción entre naturaleza común conforme (*conformis*) y uniforme (*uniformis*) o unificante (*uniens*), y el Eriúgena se refiere a la unidad como el modo de ser de las causas primordiales en el Verbo. Alain distingue la *conformitas* humana de la *uniformitas* o consubstancialidad del Padre y el Hijo.

Juan de Salisbury (1125-1180). Nacido en Inglaterra, estudió en Chartres y en París. Su obra más importante es el *Metalogicon*, que contiene una exposición de las doctrinas de su época sobre los universales, y que, por primera vez, se hace eco de todo el material completo del *Organon*. Salisbury entra en la polémica entre los antiguos y los modernos, común en el siglo XII, en que encontramos bastantes referencias al tópico de los antiguos versus los modernos, casi siempre a favor de los primeros. Guillermo de Conches, en una carta a Godofredo de Anjou que introduce en su *Dragmaticon*, responde a la pregunta sobre la falta de autoridad de los modernos, acusando a tres estamentos: los maestros carecen de conocimiento y justicia, los estudiantes de disciplina, y los obispos solo buscan la riqueza. Al comienzo del *Metalogicon*, Juan de Salisbury reparte reconvenciones y halagos a los *moderni*, alabando su talento, pero recomendando el estudio de los antiguos si los modernos quieren llegar a ser hombres prominentes. Como se sabe, el mismo Juan de Salisbury le atribuye a Bernardo de Chartres la expresión 'enanos sobre los hombros de gigantes' para referirse a los modernos en relación con los antiguos, expresión que retoman Alain de Lille o Guillermo de Conches, aunque lo más probable es que su intención fuera más bien abogar por la superior penetración de los modernos, gracias precisamente a su ventajosa posición en relación a la tradición.

Hugo de san Víctor (1096-1141) es la principal figura de la escuela de San Víctor. Su obra más importante es *Didascalicon de studio legendi*, donde expone sistemáticamente la ciencia antigua y que constituye una de las primeras sumas de la teología medieval. En esta obra divide la filosofía en teórica, práctica, mecánica y lógica, división que mantendrá su valor durante mucho tiempo.

Hugo retoma el tema de las siete artes, llamadas 'liberales' porque liberan al hombre de la materia y porque supuestamente eran practicadas por los hombres libres, que las transmitían como un secreto a sus descendientes.

Distingue también siete artes mecánicas: *lanificium* (lana o vestimenta), *armatura* (militar y arquitectura), *navigatio* (navegación), *agricultura* (agricultura), *venatio* (caza y pesca), *medicina* (medicina), *theatrica* (teatro), habiendo calificado la ciencia mecánica en general como *adulterina* (ciencia 'adúltera', que traduce erróneamente el *mechanaomai*, 'construcción de máquinas', como una expresión derivada de *moechari*, 'ser adúlteros').

Abbon de Fleury (945-1004) se puede considerar como antecedente de la existencia de una nueva concepción de la filosofía regida por la dialéctica. Se interesa por la lógica aristotélica renovada con los tratados boecianos, y sus escritos, como la *Enodatio*, le sitúan como transmisor de la lógica filosófica, particularmente de la silogística.

Berengario de Tours (1005-1088) estudió con Fulberto de Chartres, pero hizo uso de los recursos lógicos de la dialéctica en sus doctrinas teológicas. Su doctrina más conocida se refiere a la presencia de Cristo en la Eucaristía. En su *Escrito contra Lanfranco* se apoya en una obra perdida atribuida a Juan Escoto, *Sobre el cuerpo y la sangre del Señor*, para rechazar toda *praesentia sensualis*, material y substancial del cuerpo y la sangre de Cristo en el sacramento, que solo tendría un carácter puramente intelectual, espiritual o simbólico. Esto no significa que niegue la presencia real, sino que esta sea sensible, pues considera la espiritualidad tan real como lo físico, contra el materialismo pagano y también contra la idea de 'manducación' material impuesta por el concilio de Letrán de 1059, pues el cuerpo de Cristo sería tocado y masticado por los fieles.

La vena dialéctica de Berengario se manifiesta en esta oposición a lo que se denominará la *transubstanciación*, o transformación de la substancia del pan en la substancia del cuerpo de Cristo en la Eucaristía. Para ello utiliza argumentos dialécticos de contenido lógico-lingüístico. Según Berengario, el sujeto de la proposición: *hoc est enim corpus meum* cambia mientras es pronunciada: *hoc y corpus meum* no son correferenciales, lo que es contradictorio, pues un enunciado no puede cambiar de sujeto mientras es pronunciado.

Este problema alcanzará una mayor dimensión cuando se utilice para solucionar las cuestiones relativas a la continuidad del tiempo y a la naturaleza lógica de la enunciación. Otro argumento contra la transubstanciación es de tipo físico y se refiere a la posibilidad de cambio de substancia manteniendo las propiedades accidentales, lo que es contrario a la tesis aristotélico-porfiriana de que el ser del accidente es inherente a su sujeto, lo que abrirá una cuestión que será tratada por todos los teólogos posteriores.

La lógica en Bizancio
A diferencia de lo que sucedía en el Occidente latino, en Bizancio, de las tres grandes instituciones que competían por el poder en Occidente, la *ecclesia* estaba subordinada al *regnum*, y el *studium* simplemente no existía, pues la vida académica se localizaba en la corte imperial, que ejercía su patronazgo sobre los intelectuales, los maestros y la educación. Al igual que en Occidente, la dialéctica también era considerada una disciplina esencial para el aprendizaje, pero, en el caso bizantino, se sometía a las necesidades administrativas y eclesiásticas. Aunque se respetaba la libertad a la hora de cultivar los diversos tipos de discurso sagrados y seculares, si estos últimos adoptaban la forma de un discurso filosófico que invadía los límites del dogma, eran objeto de sanción, como sucedería en 1082 en el juicio contra Juan Italos.

Algunos autores bizantinos que se ocuparon de la lógica son:

Juan Italos (1055-d. de 1082), sucesor de Psellos como *hypatos* de la Academia de Constantinopla. Es defensor de un aristotelismo neoplatonizante, sosteniendo la aplicación de la lógica aristotélica en el dominio de la teología, por lo que fue condenado por someter a escrutinio dialéctico los misterios de la fe.

Eustrato de Nicea (1050-1120) es firme defensor de las tesis iconoclastas frente a los católicos. Defiende la necesidad de apoyarse en el *logos* del arte de la lógica, y la argumentación para hablar de los misterios de la Encarnación. Sirve de eslabón en la teoría escolástica de los tres estados del universal: modelo ideal platónico anterior al singular (*ante rem*), forma universal del singular aristotélico (*in re*) y concepto general abstraído del sensible (*post rem*).

Demetrio Kydones (1347-1397) es representante del tomismo bizantino, surgido a raíz de la canonización de Tomás de Aquino en 1323 por Juan XXII. Hizo algunas traducciones de Tomás y Agustín. Kydones trata al quietista Palamas de *meteorophenax* (charlatán que urde engaños discurriendo en las nubes), siguiendo la figura de Aristófanes en relación con Sócrates. El debate se planteó en términos radicales, con los palamitas acusando a sus adversarios de adorar a los silogismos en lugar del Evangelio y los 'tomistas' defendiendo la virtualidad del silogismo para alcanzar la verdad e incluso para vencer las consecuencias del pecado original.

6. La demostración lógica de la existencia de Dios de san Anselmo
El título de una de las obras de Anselmo de Canterbury (1034-1109), *Fides quaerens intellectum* (*La fe que busca comprensión*), se ha convertido en el lema de toda una época de la reflexión cristiana, pues supone un cambio desde la apología defensiva del cristianismo hacia la especulación lógica de los misterios cristianos. Anselmo se muestra abierto a las influencias de los lógicos que se interesaban por la gramática. En *De grammatico*, aborda el problema de la triple división de los nombres, en *Categorías* I de Aristóteles:

- *homónimos* o equívocos, que tienen el mismo nombre con distinta definición;
- *sinónimos* o unívocos, que tienen el mismo nombre y una misma definición;
- *parónimos*, en que las cosas y los nombres se derivan según el caso de una cosa o nombre principal, como por ejemplo, 'gramático' de 'gramática'. Planteando este último tipo una ambigüedad en la relación entre la derivación de los nombres y de las cosas que habría de transformarse en la teoría de la analogía.

Anselmo reconoce las ambigüedades que pueden atribuirse a la ausencia de una teoría semántica aristotélica, que había tenido que completarse con las teorías de gramáticos como Prisciano, quien afirmaba que lo propio del nombre es significar la substancia y la cualidad, y distingue en sus *Instituciones gramaticales* tres clases de nombres:
- *propria*: nombres de individuos;
- *vocabula:* nombres de realidades corporales predicados de varios individuos;
- *appellativa*: nombres de realidades incorporales predicados de varios individuos.

Aristóteles solo había distinguido dos clases de nombres:
- *hoc aliquid*: los que designan una substancia primera o individuo;
- *quale quid*: los que significan una cualidad común a un conjunto de individuos.

A esta distinción que puede entenderse entre la significación de las substancias primeras, que no se dicen de un sujeto ni en un sujeto, y la significación de los accidentes, que son en un sujeto, habría que añadir la significación de los géneros y las especies o substancias segundas, que se dicen de un sujeto pero no en un sujeto. Los gramáticos posteriores van a malinterpretar la distinción aristotélica entre predicar (ontológico) y significar (lingüístico).

La doctrina anselmiana de la significación distingue la significación en el caso de un nombre como 'hombre', en el que la substancia es significada y nombrada directamente *per se*, y en el de otro caso como 'gramático', donde la substancia es nombrada, pero no significada propiamente (*proprie*), *per aliud*, y significa *per se* un accidente que no nombra.

A partir del XIII para sustituir la distinción anselmiana *per se* / *per aliud* se hará común la distinción entre la significación *in recto* del nombre en sí mismo / *in obliquo*, cuando se utiliza en algún caso de la declinación. Esto supone reintroducir la jerarquía abstracta *secundum prius et posterius* neoplatónica en el aristotelismo, pues considera en el lenguaje la existencia de un significado principal y otros derivados.

El 'argumento ontológico' para demostrar la existencia de Dios
Aunque en su *Monologion* ya había hecho un ensayo de demostración cosmológica de la existencia de Dios, que parte de la existencia de los seres creados para remontarse al principio creador, en línea con la doctrina platónica de la participación, es en el *Proslogion* donde Anselmo utiliza la argumentación plenamente lógica para demostrar la existencia de Dios en su argumento ontológico. El pensamiento greco-árabe había tratado la cuestión desde la vía de la contingencia del mundo o desde el movimiento que precisa la existencia de un primer motor inmóvil. También en los latinos, como Cicerón, Agustín o Boecio, se adelantan algunos elementos argumentativos.

Resumidamente, el argumento ontológico puede esquematizarse como sigue:
• Todo hombre tiene en su pensamiento el concepto o definición de lo que es Dios: Dios es el ser mayor que puede pensarse.

- El insipiente afirma que este ser mayor que puede pensarse, cuya idea tiene en su mente, no existe en la realidad.
- Pero esto es contradictorio. Si el ser mayor que puede pensarse no existiera en la realidad, aún podría pensarse otro ser mayor que existiera en el pensamiento y en la realidad.
- En ese caso, se cometería una contradicción lógica: el concepto que el insipiente tiene en su mente de 'el ser mayor que puede pensarse' sería y no sería el concepto de 'el ser mayor que puede pensarse', pues aún habría un ser mayor que pudiera pensarse, que es el que tuviera una existencia no solo en el pensamiento, sino en la realidad.
- Por consiguiente, 'el ser mayor que puede pensarse', para ser 'el ser mayor que puede pensarse', ha de existir no solo en el pensamiento (como concepto), sino también en la realidad (como existencia real).
- Conclusión: Dios es el ser mayor que puede pensarse, que debe existir en la realidad, luego Dios existe.

Puesto que el argumento de Anselmo se desarrolla en discusión con un *'insipiens'* (el monje Gaunilo), que niega la existencia real de Dios, en cuanto ser mayor que puede pensarse, podemos considerar la demostración como un caso de lo que se denominará reducción al absurdo.

El esquema general de la reducción al absurdo es:

1°. Se parte de una premisa (hipótesis).
2°. A partir de esa premisa, aplicando las leyes lógicas, se llega a una contradicción: p y no-p.
3°. Se niega la premisa de la que se ha partido.

p (hipótesis)

$p{\to}q$

$\neg q$

$\neg p$ (*modus tollens*)

$\neg p{\wedge}p$ (contradicción por conjunción de la premisa anterior y de la hipótesis de la que se partía)

$\neg p$ (negación de la hipótesis de la que se partía)

En el caso de que p='*Dios existe en la realidad*', el *insipiens* sostendría ¬p. En ese caso la negación de la hipótesis tendría la forma: ¬¬p. Por la regla de doble negación: ¬¬p= p (*Dios existe en la realidad*).

Exponiendo la aplicación de la reducción al absurdo al argumento ontológico:

1. El *insipiens* tiene en su mente la idea del ser mayor que puede pensarse (hipótesis).

2. Según el *insipiens*: el ser mayor que puede pensarse, que es Dios, no existe en la realidad.

3. Aplicando las leyes lógicas se llega a una contradicción: puesto que el *insipiens* tiene en su mente la idea del ser mayor que puede pensarse (1), pero niega que ese ser mayor exista en la realidad (2), resulta que el ser mayor que puede pensarse al mismo tiempo no es el ser mayor que puede pensarse: p y no-p.

   - Por concluir en una contradicción, se niega la premisa 2: no (Dios no existe en la realidad)
   - Por la regla lógica de la doble negación: no (Dios no existe en la realidad) = Dios existe en la realidad: conclusión a la que se quería llegar.

7. Las escuelas dialécticas del siglo xii

En el siglo xi había empezado a utilizarse la argumentación lógica que se enseñaba en la disciplina de la dialéctica para exponer y solucionar ciertos problemas teológicos. Esto se hacía todavía en el ambiente monástico –como es el caso de Anselmo–, pero a lo largo del siglo xii comenzaron a proliferar nuevas escuelas que gozaban de la autonomía que les proporcionaban las ciudades, donde se alejaban del control del monasterio. París, tierra de exilio (*terra aliena*) de toda la cristiandad, reúne a maestros y estudiantes, de entre los que destaca Pedro Abelardo, quien hacia 1105-1108 se instala 'fuera de la ciudad' (*extra civitatem*), es decir, 'fuera de la Isla' donde está situada la catedral de Nôtre Dame, sobre la montaña de Santa Genoveva. Con ello comienza la colonización escolar de la orilla izquierda del Sena, que tardará un siglo en completarse, y que verá coexistir la escuela catedralicia, las escuelas claustrales de la planicie de San Víctor y la de Santa Genoveva, dedicadas a la teología, con las escuelas de la Montaña, que se dedican a la dialéctica.

Estas escuelas están en disposición de aprovechar nuevas traducciones latinas de tratados del *Organon* de los que no se disponía, que en conjunto reciben el nombre de *logica nova* o *ars nova*, que está compuesta, en principio, por las traducciones de Boecio de *Analíticos primeros*, *Tópicos* y *Sophistici elenchi*, que se habían perdido y que se redescubrieron a partir de 1120. Estas traducciones se difundieron en el mundo latino, junto con obras traducidas a partir de las fuentes árabes y griegas, como es el caso de Jacobo de Venecia, quien entre 1125 y 1150 completó el corpus lógico aristotélico, traduciendo del griego *Analytica posteriora*, y también proporcionó una nueva traducción de los *Sophistici elenchi*. Además, de los *Analíticos segundos* existe una versión conocida como *Translatio Joannis* (anterior a 1159), también del griego, mientras que la de Gerardo de Cremona (anterior a 1187) es del árabe, que son antecedentes de la traducción de Guillermo de Moerbeke (aprox. 1269).

Occidente, desde mediados del XII, se encuentra en posesión de todos los tratados aristotélicos de lógica, ya en la versión antigua de Boecio, ya en las nuevas traducciones que surgen en España e Italia. Los árabes españoles conocen, por ejemplo, los *Analíticos segundos,* mucho antes que los estudiosos de la Europa cristiana. El conocimiento de la transmisión, códices, recensiones y glosas está hoy muy adelantado debido a la publicación del *Aristóteles Latinus* y también avanza la edición de los comentarios árabes que tanto van a influir en las síntesis siguientes del acervo lógico.

Una vez que se dispuso del conjunto de *Organon*, comenzó a entenderse el sentido sistemático del corpus lógico aristotélico:

- *Categorías-Isagoge*: fundamentos metafísicos del lenguaje;
- *De interpretatione*: la proposición en general, sus partes (términos), sus clases (categóricos, modales), los principios de la lógica (contradicción, tercero excluido) y su uso en los razonamientos;
- *Elencos sofísticos*: los sofismas, su resolución;
- *Tópicos*: las clases de argumentación, la dialéctica argumentativa;
- *Primeros* y *Segundos Analíticos*: el silogismo como estructura argumentativa del conocimiento científico y de la dialéctica.

En esta época, gracias al estudio de *Sophistici elenchi*, aparecen los nuevos géneros de los *insolubilia* y las *fallaciae*.

Pese a que en el orden temático sería posiblemente la última, pues trata de un género particular de razonamientos: los que son desviados, lo que implica un conocimiento previo de las formas rectas, *Elencos sofísticos* parece ser el tratado que despierta mayor interés y admiración, suscitando gran pasión por el tema de los sofismas, apareciendo pronto colecciones de ellos. Esto, unido a la naturaleza misma del método de la disputa escolástica, ayuda al desarrollo de ejercicios dialécticos, de importancia para el progreso de la lógica misma y de sus aplicaciones. Una forma favorita de torneo era la propuesta de tesis paradójicas de las que parecían seguirse conclusiones contradictorias. Veremos su enorme desarrollo posterior. Evitar sofismas y falacias influye de manera decisiva en el desarrollo de las propiedades lógicas de los términos.

Principales escuelas

En las escuelas dialécticas se pueden identificar ciertos grupos o 'sectas' (*sectae*) vinculadas a un maestro, que son, al menos en apariencia, rivales: los *albricani* o *montani*, discípulos de Alberico de París (o Alberico del Monte), preceptor de Juan de Salisbury, los melidunenses, reunidos en torno a Roberto de Melun, los *parvipontani* o *adamiti*, discípulos del también inglés Adán de Balsham, que tenía su escuela cerca del *Petit Pont*, los *capuani*, seguidores de Pedro de Capua o los *porretani* asociados a Gilberto de Poitiers (*Gilbertus Porreta*). Las dos escuelas más importantes son la de los *parvipontani* y la de los *robertini*.

a) Adamitas o Parvipontani

Es la escuela de Adán de Balsham († 1181), que enseñó dialéctica en el *Petit Pont*, por lo que se denominarán después los *parvipontani*, y fue considerado como uno de los principales representantes de los nominales por contraposición a los reales. Destaca su *Ars disserendi* (1132), donde se ocupa de las *fallaciae* y los *sophismata*, así como de la cuestión del estatuto de los universales. Son célebres las *Fallaciae parvipontanae*, que sirvieron de referencia para la lógica oxoniense del XIII, en oposición a la lógica parisina de Pedro Hispano o Lamberto de Auxerre. Su ideal es la referencia por univocación (*univocatio*), que permite la identidad en la significación dentro de la variación referencial en contextos proposicionales diferentes. En relación con la teoría de la referencia destaca la doctrina de la *consequentia adamitorum*, que comprende dos reglas:

- *Ex impossibili sequitur quodlibet* (de lo imposible se sigue cualquier cosa), es decir, que de un antecedente absurdo puede deducirse un consecuente verdadero o falso; p. ej.: '*si el hombre es un asno, tu estás sentado*'.
- *Necessarium sequitur ad quodlibet* (lo necesario se sigue de cualquier cosa), es decir, que una consecuencia necesaria se sigue de cualquier antecedente, sea este verdadero o falso; p. ej.: '*si el hombre es un asno, el triángulo tiene tres lados*'.

Un ejemplo de la justificación argumentativa de la *consequentia adamitorum* sería:

Si Sócrates es un hombre y Sócrates no es un hombre, entonces Sócrates es un hombre. (Se parte de una contradicción).
Si Sócrates es un hombre, Sócrates es un hombre o una piedra.
En consecuencia, si Sócrates es un hombre y Sócrates no es un hombre, entonces Sócrates es un hombre o una piedra.
Si Sócrates es un hombre y Sócrates no es un hombre, entonces Sócrates no es un hombre.
En conclusión: si Sócrates es un hombre y Sócrates no es un hombre, entonces Sócrates es una piedra. (De una contradicción se sigue cualquier cosa).

Las dos reglas de los adamitas reposan sobre una relación tópica: el *locus a minori*, argumentando las dos inferencias *per locum a minori affirmative*, por la cual, por ejemplo, si lo imposible es verdadero se sigue, por la tópica del menos, que cualquier otra cosa será verdadera. Esta relación tópica está extraída de Aristóteles (*Tópicos* II, 10), pero se inscribe en adelante en un dispositivo más amplio, propiamente medieval, consistente en una distinción entre dos tipos de consecuencias (*consequentiae*):

- La consecuencia natural: el antecedente contiene al consecuente, lo que quiere decir que la validez de la consecuencia está determinada por un 'lugar intrínseco'.
- La consecuencia accidental: el antecedente no contiene al consecuente, lo que quiere decir que la consecuencia se obtiene por la aplicación de una 'regla extrínseca'.

Estas y otras reglas derivadas están a menudo alejadas de la intuición natural, y será a ellas a las que los humanistas les reservarán sus más agudas burlas, que tanto han contribuido al descrédito de la escolástica. Los historiadores modernos han mostrado, sin embargo, que los materiales de estos tratados han tenido un notable valor para el desarrollo de la lógica, al permitir, por ejemplo, constituir axiomáticas para los sistemas de lógica modal y desarrollar el razonamiento imaginario (*secundum imaginationem*), lo que en física tendrá vastas consecuencias para la metodología científica.

b) Melidunenses o Robertini

Es la escuela de Roberto de Melun († 1167). Los llamados 'robertinos' representan a los realistas en la polémica sobre los universales. La línea filosófica (*opinio professionis*) de la secta de Melun se expone en 53 tesis en el *Ars Meliduna*, entre las que destaca:

- De lo imposible no se infiere nada (*ex impossibili nihil sequitur*).
- Ninguna forma es accidente.
- Ningún nombre es equívoco.
- Todo argumento es necesario.

c) Albricani

Son los seguidores de Alberico de París o '*Montani*'. Utilizan el modelo de las *instantiae* o contraejemplos:

1. *Si Sócrates es un hombre, entonces Sócrates es un animal* (premisa autoevidente).
2. *Si Sócrates es un hombre y no un animal, entonces Sócrates no es un animal* (premisa autoevidente por simplificación de la conjunción).
3. *Si Sócrates no es un animal, entonces Sócrates no es un hombre* (se sigue de 1, por contraposición).
4. *Si Sócrates no es un hombre, entonces no* (*Sócrates es un hombre y no un animal*) (se contrapone: 'si Sócrates es un hombre y un animal, entonces Sócrates es un hombre', que es autoevidente por simplificación la conjunción).
5. *En consecuencia, si Sócrates es un hombre y no un animal, entonces no* (*Sócrates es un hombre y no un animal*) (de las premisas anteriores se sigue esta contradicción).

d) Pedro Abelardo (1079-1142)

Fue uno de los muchos monjes errantes que, llegado a París, buscaba entre los maestros dialécticos que enseñaban en la orilla izquierda del Sena, independientemente de la escuela catedralicia de Nôtre Dame. Finalmente se integró en la escuela Guillermo de Champeaux, quien según una tradición acabó por abandonar la dirección de la escuela al verse superado en destreza dialéctica por el joven Abelardo.

Las dos obras de más importantes de lógica de Pedro Abelardo son *Logica Ingredientibus* (1118) y *Logica Nostrorum Petitioni Sociorum* (1125), ambas de carácter introductorio.

Pedro Abelardo sostiene en relación con el problema de los universales un nominalismo moderado, al afirmar que el universal es el nombre cuyo valor ontológico hay que determinarlo a partir de la esencia del lenguaje y su relación de significación con las cosas del mundo. El universal es el *sermo*, el predicado que enuncia algo, que tiene un significado con el que remite a una realidad significada. Para Abelardo las cosas solo son individuales y separadas, de modo que los universales no tienen como referencia una cosa. Lo que tienen en común los individuos es lo que ellos son, por ejemplo en el caso de los hombres su *esse hominem*, no una cosa o una substancia.

El ser dicho en una proposición (*dictum propositionis*) no es una cosa, sino que lo que hace semejantes a las cosas es la esencia de cada individuo, que la hace semejante a la esencia de otros individuos por la coherencia ontológica del mundo, constituida por un estado (*status*), que no es una nada (*nihil*) pero tampoco ninguna cosa (*nulla res*); no es una existencia (*essentia*) en el sentido abelardiano, sino el estado por el que, por ejemplo, el hombre es hombre, el hecho de ser hombre (*esse hominem*), que es la causa por la que se puede imponer en común el nombre de 'hombre' a todos los hombres individuales. En Abelardo, la realidad lógica se separa de la realidad física, de modo que nos encontramos ante un no-realismo más que ante un nominalismo, pues los universales no se reducen a nombres. Abelardo abre una tercera vía en la que el ser es algo más conceptual que físico o nominal, ya que ese *status hominis* (el estado de ser hombre) es un predicable, un modo de lenguaje, que es el fundamento ontológico de la predicación universal en el *dictum propositionis* (proposición enunciativa).

Abelardo es el primer modelo de los filósofos que serán llamados '*moderni*', por hacer que la dialéctica tendiera a fundirse con la gramática, aproximando la verdad al uso de los nombres. A partir de ese momento, el término 'dialéctica' se impone casi universalmente para designar la disciplina que dirige el ejercicio de la sola razón humana. El mismo Abelardo, Hugo de San Víctor o Juan de Salisbury irían ampliando el papel de estos estudios en el curriculum filosófico incluso antes de que tuviera lugar el redescubrimiento de los escritos aristotélicos.

El problema de los universales

Se han buscado indicios de una historia del problema de los universales y del enfrentamiento entre nominalistas y realistas ya desde la Antigüedad, con la crítica de Aristóteles a las ideas de Platón. En su *Isagoge*, Porfirio estudia las formas como realidades semánticas, dando lugar a la doctrina de los cinco predicables, que los medievales denominarán 'términos de segunda intención'. Porfirio busca una interpretación de la articulación aristotélica entre las relaciones de inherencia (*esse in*) y predicación (*dici de*), a propósito de lo cual se refiere al universal de predicación como de lo que se dice de muchas cosas, mientras que, más tarde, Boecio hablará de un universal de comunidad como de lo que es común a muchas cosas.

Es en el siglo XII cuando la cuestión de los universales se considera que ocupa un lugar central en las discusiones de las escuelas dialécticas. Pocas épocas hay en el periodo medieval en que se haya dado mayor agitación y en que la controversia filosófica haya sido más visible entre las diversas 'sectas'.

En cuanto a la filosofía, para los reales, los universales son cosas que son aptas por su simplicidad para existir en muchos dividiéndose por sus diferencias, mientras que para los nominales los universales no existen más que en el intelecto, dependiendo su unidad de la percepción de las semejanzas en las cosas diferentes.

Las escuelas dialécticas se ocupan fundamentalmente de cuestiones relativas a la lógica y al lenguaje, que en un principio no despertaban los recelos de los maestros de las escuelas catedralicias, hasta que se temió su utilización en la resolución de cuestiones teológicas. Uno de los problemas más tratados por los dialécticos era determinar la relación entre los signos lingüísticos y las realidades a las que representan, una cuestión que se refiere al estatuto ontológico que hay que otorgarle a los universales o términos del lenguaje que se utilizan para representar una pluralidad, totalidad o universalidad de cosas reales.

Ya desde la filosofía griega existían dos posiciones representadas por los dos grandes maestros griegos:

- El *realismo de las ideas*: para Platón, la realidad le corresponde a las ideas, que son los modelos universales abstractos de las cosas físicas.
- El *realismo de los conceptos*: Aristóteles destaca la función representativa del lenguaje, que no considera que tenga más realidad que las cosas representadas, sino que entre realidad y lenguaje se da una correspondencia (*adaequatio*), de modo que un enunciado verdadero es aquel que dice de lo que es que es y de lo que no es que no es. Los conceptos son las aprehensiones de la mente, siendo los intermediarios entre las cosas reales y su expresión lingüística.

Ante esta 'cuestión de los universales', los filósofos del siglo XII sostenían tres opiniones distintas:

a) El *vocalismo*. Sostenido por Roscelino de Compiègne († 1120), que identifica los universales con simples *flatus vocis* o sonidos vocales, sin realidad ontológica. La fórmula de Roscelino es *universale est vox*, por lo que se le considera el predecesor de las doctrinas nominalistas. Su posición nominalista se relacionó con una herejía trinitaria, pues consideraba que las tres personas de la Trinidad son solo tres nombres distintos con que se designa a un solo Dios, lo que equivale a la identificación de persona y substancia en Dios, contra la fórmula ortodoxa: una sola substancia y tres personas.

b) El *realismo*. Los llamados 'reales' sostienen en general que los universales son realidades participadas por las cosas del mundo. Los universales son cosas que son aptas por su simplicidad para existir en muchos, dividiéndose por sus diferencias. El realismo tiene dos formas principales:

- El realismo de la esencia material, según el cual cada especie es una esencia materialmente presente en las cosas que pertenecen a esa especie.
- El realismo de indiferencia, que afirma que la formas universales son lo que hace comunes, indiferentes, a individuos que son singularmente diferentes.

Guillermo de Champeaux (1070-1121), el maestro de Abelardo, es el más conocido de los realistas. Afirma que los universales son realidades substanciales que son participadas por los seres singulares, a modo de accidentes de esa substancia universal.

Roberto de Melun sostiene una forma de realismo que se expresa en las tesis vistas anteriormente:

- ninguna forma es accidente;
- ningún nombre es equívoco;
- todo argumento es necesario.

La escuela porretana sostiene que:
- todo sonido vocal (*vox*) es un cuerpo;
- lo activo y lo pasivo tienen la misma significación;
- toda proposición negativa significa algo falso.

c) El *nominalismo*. Sostiene que los universales no existen más que en el intelecto, dependiendo su unidad de la percepción de las semejanzas en las cosas diferentes. Las tesis de los «nominales» se conocen por el texto *Positiones nominalium* de principios del XIII, donde se mencionan 17 posiciones, siendo difícil encontrar el vínculo que da sentido unitario a todas las tesis. Algunas de las tesis son:

- los universales como los géneros y las especies son nombres;
- contra los reales, no hay nada fuera del particular;
- contra Aristóteles y a favor de Zenón, no hay movimiento;
- con Zenón, el ser se dice unívocamente;
- toda ciencia es demostrativa y no tópica.

Respecto de las cuestiones teológicas, los nominalistas consideran que el objeto de fe son los *enunciables* (equivalentes a los *lektá* o incorporales estoicos) que permanecen inalterables a través del tiempo. El ejemplo más común es el de determinar si el objeto de fe respecto del nacimiento de Cristo es el mismo en el caso de los profetas que lo anunciaron (*Christum esse nasciturum*), en el de quienes asistieron a su nacimiento (*Christum nasci*) y en el de quienes viven después de haber nacido Cristo (*Christum esse natum*). La solución nominalista es que el enunciable es el mismo.

Posteriormente Pedro de Poitiers concretará esta posición, al afirmar que lo que se mantiene inalterable es el contenido proposicional (*dictum propositionis*), que es el enunciado en infinitivo: Cristo 'ser' nacido o Cristo 'ser' haber de nacer (*Christum 'esse' natum* o *Christum 'esse' nasciturum*).

8. La oposición a la nueva lógica: los antidialécticos

La utilización de los recursos dialécticos en teología fue contestada desde el lado de los defensores de la tradición monástica, primero enfrentados a otros pensadores monásticos y luego a los dialécticos de las escuelas urbanas.

Pedro Damián (1007-1072). En su *Carta sobre la omnipotencia divina* de 1067 abre una polémica muy influyente en la escolástica. En las circunstancias y el contexto del escrito de Damián se puede apreciar la complejidad de la época. Por un lado, el tono denota la intención de servir a la fortificación espiritual de la vida monástica frente a los riesgos de la *vana curiositas* que conduce a perderse en las tentaciones de la indagación escrutadora.

El de la omnipotencia divina es, sin duda, uno de los temas que dan sentido y continuidad al pensamiento teológico y filosófico en la Edad Media cristiana latina. Como la mayor parte de las cuestiones que los filósofos medievales de este ámbito se plantearon, la omnipotencia aparece de un modo recurrente, lo que no significa que las diferencias en el modo en que se propone y las soluciones que se dan no supongan transformaciones decisivas para la historia de la filosofía medieval. En general, podemos distinguir dos momentos en el tratamiento de la cuestión de la omnipotencia:

- En la primera fase, se trata de un atributo divino que es verdad de fe, por lo que sus consecuencias filosóficas pueden reducirse al plano puramente teológico, como una respuesta a problemas parciales suscitados por motivos apologéticos o pastorales.
- A raíz de la creciente influencia de la dialéctica, la cuestión se trata en el contexto de un ejercicio dialéctico que demuestra la preocupación por las enseñanzas de la dialéctica aristotélico-boeciana, que ocasionaba ya en la época polémicas sobre la omnipotencia divina. Reafirma la superioridad de la fe sobre la razón lógica, lo que impone límites al dialéctico.

Pedro Damián afirma la omnipotencia divina, incluso en el caso de la necesidad del pasado, basándose en la concepción boeciana de que en la eternidad el pasado es presente para Dios, y además en la superioridad del poder de Dios sobre el propio principio de lógico de no-contradicción. Esta respuesta se inscribe en el intento de construir una especie de *lógica de la fe*, cuyas reglas son distintas a las de la *lógica de los dialécticos*, pues, según estas, es contradictorio alterar el pasado, mientras que la fe nos hace creer, y, por tanto, pensar, que Dios puede hacer incluso aquellas cosas que la razón lógica tiene por imposible.

Lanfranco de Pavía (1010-1089). No se sabe a ciencia cierta si fue abad del monasterio de Bec, pese a que la tradición lo haya consagrado así. Lo que sí se sabe es que fue llamado por Guillermo el Conquistador al arzobispado de Canterbury. Retoma la controversia eucarística en su *Libro sobre el cuerpo y la sangre de Cristo contra Berengario de Tours*. Lanfranco piensa que las relaciones entre fe y razón están siendo puestas en peligro en su tiempo por el arte de la dialéctica aristotélico-boeciana pagana. Como había hecho Damián, Lanfranco utiliza la dialéctica para combatir al adversario con sus propias armas.

Bernardo de Claraval (1090-1153). Fundó en 1115 la abadía benedictina de Claraval para hacer más sobria la regla de Cluny, que llegó a contar con 64 casas durante su vida. Uno de los motivos constantes de su actividad fue la persecución de Pedro Abelardo, parece ser que por incitación de su discípulo

Guillermo de Saint-Thierry, que veía muchos errores en el uso que hacía de la dialéctica, y para exponer su crítica publicó un *Tratado sobre algunos errores de Abelardo*. En esta obra, Bernardo califica a Abelardo de 'segundo Aristóteles', que queriendo hacer teología solo ha hecho *stultologia*, y ha pretendido ser el autor de un quinto evangelio.

Pedro Lombardo († 1160). Participó en el concilio de Reims en 1148, y fue obispo de París en 1159. Elaboró sus *Sententiae* (título tomado de Isidoro de Sevilla) entre 1155 y 1157. Las *Sententiae* distribuyen en un orden sistemático los temas tratados por los Padres de la Iglesia, con la originalidad de presentar sus tesis de un modo problemático, oponiendo autoridades de la misma dignidad. Los temas son: el misterio de la Trinidad (libro I), la creación (libro II), la Encarnación y la acción del Espíritu Santo (libro III) y los Sacramentos (libro IV). Las *Sentencias* son el manual de teología de la Edad Media. En el periodo escolástico el primer deber del teólogo será comentar las *Sentencias*, e incluso Roger Bacon lamentará que esta obra haya sustituido a las Escrituras mismas.

El método de la obra, la *quaestio* o cuestión, es semejante al utilizado por Pedro Abelardo en *Sic et non*, yendo más allá de ser un simple florilegio de textos de los Padres de la Iglesia, párrafos de la Biblia y artículos de concilios, como era habitual. Pedro hace una selección de problemas teológicos en la que se presentan tesis contrapuestas para dar una solución final. La exégesis de los textos se transforma en discusión razonada, de modo que el lector monástico se transforma en actor urbano que busca el sentido de las palabras (*vocum impositionis pensando*), distinguir los argumentos (*argumentorum discretio*) e implicarse en la disputa (*disputationis disciplina*). Las más importantes obras teológicas medievales tienen la forma de un comentario a las *Sentencias* de Pedro Lombardo.

Pedro de Poitiers (1130-1205). Fue discípulo de Pedro Lombardo y redactó sus propias *Sentencias*, confirmando la nueva orientación de la teología hacia los *disputabilia*. Con el uso de este método sentenciario, la lectura solitaria y silenciosa de los monasterios se transforma en actividad colectiva de maestros y estudiantes.

Adelardo de Bath († 1142). Un tanto alejado de las disputas entre dialécticos y antidialécticos, el inglés Adelardo es el primer testimonio de la influencia árabe en Occidente. Sus traducciones textos árabes son fundamentalmente de tratados científicos como las *Tablas Astronómicas* de al Jwarizmi y los

Elementos de Euclides conservados en árabe. Sus obras propias más importantes son las *Cuestiones naturales* y *De eodem et diverso*. Parece que pudo aprender árabe en Salerno, aunque quizá debió ayudarse de arabófonos como el judío convertido Pedro Alfonsí. Con Adelardo comienza a considerarse a los árabes como 'hombres de razón'.

9. La lógica en los árabes

La filosofía (*falsafa*) fue vista por los árabes como una realidad cultural extraña, lo que les llevó a distinguir entre las 'ciencias exteriores': filosofía, lógica, y las 'ciencias tradicionales': la gramática, ligada a la exégesis del Corán. La enseñanza islámica se basaba en las disciplinas introducidas en el islam como resultado de las traducciones realizadas en los siglos VIII-IX.

En el islam, en contraste con el ámbito cristiano, la autoridad en la enseñanza corresponde individualmente a las opiniones de los jurisconsultos y colectivamente al consenso de los doctores de la ley. El arte de las disputas (*masa'il khilafiya*), aprendido en las obras lógicas de Aristóteles, estaba muy presente en los debates de los jurisconsultos musulmanes sobre sus opiniones legales, por lo cual debían ser formados en la dialéctica, que ya se practicaba entre los gramáticos.

Al-Jwarizmi (fl. 977) dice que las disciplinas adquiridas son: filosofía, lógica, medicina, aritmética, geometría, astronomía, música, mecánica y alquimia. El modelo era el de las artes liberales, que también eran asumidas en tierras cristianas.

Ibn Ḥazm en su *Maratib al-'ulum*, señala que el estudio las disciplinas que nos enseñan el camino de la salvación debe iniciarse alrededor de los cinco años.

- La primera enseñanza consiste en aprender a leer y escribir, sin embargo evitando tener buena caligrafía, lo que se identifica con las falsificaciones. Enseguida debe iniciarse el aprendizaje del Corán de memoria para alcanzar el título de *hafiz* o 'memorión'.
- En una segunda fase deben estudiarse gramática y poesía, matemáticas y agrimensura, siguiendo los *Elementos* de Euclides, la astronomía elemental, aunque no astrología, lógica, botánica, zoología y etnología e historia.
- Los estudios superiores consisten en las ciencias del Corán, las tradiciones del Profeta, la jurisprudencia, y la teología.

Ibn al-Arabi de Sevilla (1076-1148) afirma que los andaluces tratan de aprender la lengua árabe y la poesía antes que las demás ciencias, pues la poesía es el archivo de los árabes, para continuar con el estudio del Corán, de modo que la poesía y la gramática, la aritmética y las leyes deben preceder al estudio del Corán.

Algacel (1058-1111) trató de integrar el misticismo sufí en la teología sunni en su obra *Resurrección de la ciencia de la fe*. Algacel representa la reacción de la religiosidad sufí contra Avicena, representante de la *falsafa* shií. Algacel distingue entre las 'ciencias útiles', como la matemática, la astronomía o la lógica, y la metafísica, en la que concentra sus críticas. Según Algacel los filósofos infieles niegan numerosas tesis religiosas como la creación, el conocimiento divino de los futuros singulares, la resurrección de los cuerpos o los atributos divinos, aunque parece que se oponía más que a la filosofía pagana a la racionalización del islam, iniciando la tendencia a distinguir entre una *lógica de los filósofos* y una *lógica de los teólogos*.

También considera Algacel que los filósofos son adversarios del poder de Dios. En Dios mismo hay que conciliar la omnipotencia con la inmutabilidad divina. La discusión transcurre aquí sobre el plano del *análisis lógico del condicional*, anunciando ya la distinción entre voluntad absoluta y ordenada, y radicalizando la apuesta por el poder absoluto de Dios, que incluso puede deshacer lo que ha decidido hacer o ha hecho. En la lógica de los condicionales, Algacel se apoya en la propiedad lógica de que el condicional es verdadero si son falsos tanto el antecedente como el consecuente. Es verdadera la proposición: 'si el hombre volara se desplazaría por los aires' y también es verdadera: 'si el hombre volara sería un animal'. Aplicando esta regla a 'si Dios quisiera, lo haría', tenemos que será verdadera cualquiera que fuera el antecedente, lo que no pone obstáculo de contradicción a que cambie la voluntad de Dios, que consistiría en la oposición: querer/no querer.

Avicena (980-1037) es el principal lógico árabe. En su concepción de la lógica, Avicena está influido por los estoicos, los peripatéticos y los neoplatónicos. Aunque buena parte de sus trabajos en esta disciplina son comentarios a los tratados lógicos de Aristóteles, hay varios aspectos en los que Avicena se separa de estos, dejándose influir por el estoicismo que había en Galeno, en Alejandro de Afrodisias y en algunos otros comentadores alejandrinos estudiados por Avicena. El tema de la lógica aparece en diversas obras: *Shifā*, en su versión abreviada *Kitab al Najat* (*Libro de la Salvación*), en *Isharat wa-al-tanbīhat* (*Anotaciones y admoniciones sobre lógica*) y en *Mantiq al-Mashriqiyyin* (*La lógica de los Orientales*).

Para Avicena, la lógica es un saber instrumental o propedéutico de la filosofía. Tiene como función discernir los juicios verdaderos de los falsos, y los conceptos válidos de los inválidos. Para ello, el lógico no necesita hacerse cargo, según Avicena, de la naturaleza de las cosas o del modo en que existen. La lógica solamente se ocupa de los 'objetos mentales', es decir, de los conceptos y los juicios. En consecuencia, el lógico no se ocupa, por ejemplo, de la descripción de determinado objeto existente; más bien, se ocupa de este en tanto que puede actuar como sujeto o predicado de un juicio, en tanto que es individual o universal, esencial o particular. No estudia las cosas en sí mismas, pero las supone en tanto que al lógico le interesa el estudio de las proposiciones a través de las cuales se transmite el sentido de los conceptos.

Avicena centra sus estudios sobre lógica en dos nociones: el concepto (*tasawwir*) y el asentimiento (*tasdiq*). Los conceptos sirven para definir y conocer la esencia de las cosas, y la noción de asentimiento, tomada probablemente de la lógica estoica, se refiere al conocimiento que podemos obtener a través del método silogístico. En el *Kitab al-Qiyas* (*Libro del silogismo*), Avicena afirma que las premisas del silogismo demostrativo son verdaderas y universales, y que la dialéctica utiliza como premisas las opiniones más aceptadas. Demostración y dialéctica se distinguen porque la primera se ocupa de la verdad teorética y la segunda sirve para materias prácticas. Además del silogismo demostrativo y el dialéctico, existen el retórico y el poético. Estos dos últimos convencen generando efectos pasionales, o bien mediante argumentos persuasivos (retórica), o a través de representaciones atractivas sugeridas a la imaginación (poética). Cada uno de estos modos argumentativos genera un 'estado mental' distinto: la demostración conduce a la certeza; la dialéctica a la opinión fuerte; el estado mental de las otras dos artes no puede denominarse 'convicción', pero con ellas se alcanza 'cierto asentimiento'.

Para Avicena una forma del alma vendría a ser una *ma'na*, es decir, un significado o una noción. Al ser traducido al latín *ma'na*, fue vertido como *intentio*, adquiriendo así el sentido técnico de 'signo natural de la mente'. De este modo pasa a la lógica la distinción de *prima intentio et secunda intentio*, referidas a los conceptos mentales. Con lo que se da un paralelismo con la distinción porfiriana del lenguaje hablado-escrito en nombres *de prima et secunda impositio* (nombres que designan a entidades extralingüísticas y nombres que designan a otros nombres). Este será el punto de partida para distinguir lógica y gramática, y para separar las *scientiae sermocinalis* (*secunda impositio*) de las reales (*prima impositio*).

Los debates lógico-teológicos de los árabes
El debate entre los dos Razes. En un momento de crisis, cuando coexisten tres califas: Abderrahman III que se acababa de proclamar en Córdoba, el califa de Bagdad y el fatimí en al-Qahira, surge el debate entre los dos Razes. El primero de ellos fue médico y alquimista, y ha dejado numerosas obras, entre las que destacan el *Libro sobre los secretos de la medicina* y el *Libro de la conducta filosófica*. Pero la parte de su obra más influyente en Occidente han sido los *Fragmentos filosóficos*, que ha sido destruida y que solo nos ha llegado por medios indirectos, donde considera a los profetas como impostores, a los textos sagrados como un tejido de leyendas y las confesiones religiosas como la fuente de guerras sangrientas, frente a la razón filosófica que debe guiar los usos individuales y sociales. Su principal adversario fue Abu Hatim al-Razi, quien en su *Libro de los signos de la profecía* se opone a Razes, que había sostenido la eternidad de cinco principios (Creador, Alma, Materia, Espacio, Tiempo) y que la razón humana puede alcanzar la verdad por sí misma. Sobre todo rechaza la incompatibilidad de ser filósofo y creer en las fábulas de los profetas, pues, entonces, la alternativa sería filosofar o creer, mientras que para al-Razi los sabios y los profetas dicen lo mismo.

La controversia de Bagdad (937-938) fue presidida por el visir de al-Radi, al-Furat ibn Hinzaba, y en ella se enfrentaron el lógico cristiano nestoriano traductor de Aristóteles al árabe Abu Bishr Matta ibn Yunis y el gramático musulmán Abu Said al-Sirafi. La oposición es paralela a la que se da entre kalam (ciencia arábica, islámica) y le falsafa (ciencia griega, extranjera); pero también se dieron conexiones, como en la tradición *ma'ani wa bayan* (semántica o retórica) y *adab al- bahth* (reglas de la investigación, o dialéctica formal).

Matta era un importante traductor de Aristóteles, y defendió la concepción de la lógica contenida en *Analíticos segundos*, que había traducido al árabe a partir de la versión siríaca *Hunayn ibn Ishaq*. Pese a su conocimiento de la lógica aristotélica no pudo evitar que fuera considerado derrotado por al-Sirafi, defensor de las 'ciencias tradicionales' (la gramática usada en la exégesis del Corán) frente a las 'ciencias exteriores' (filosofía, lógica). Sirafi logró demostrar, quizá con argumentos sofísticos, que la lógica aristotélica, que era utilizada por los cristianos nestorianos en sus disquisiciones teológicas, no es capaz de resolver problemas como el de los hermanos, pues el lógico no puede distinguir entre estas dos proposiciones: 'Zaid es el mejor de los hermanos' y 'Zaid es el mejor de sus hermanos', lo que sí puede hacer la lengua árabe en la que está escrito el Corán y, en el fondo, el sentido común. Solo la primera proposición es aceptable, pues en la segunda Zaid no se incluiría entre los hermanos, lo que da lugar a un enunciado absurdo, pero el lógico no puede salir del enredo porque queda atrapado por los límites de un formalismo, que son fácilmente superados por el sentido lingüístico de la palabra del Libro.

La controversia de Zaragoza. Tuvo lugar entre el gramático Abenalsid y el filósofo y lógico Avempace. En este caso, la confrontación se da entre la *falsafa*, defendida por Avempace, entendida como una forma de sabiduría específica derivada del encuentro entre los sabios islámicos y los sabios greco-siríacos, y la *hikma*, que es una forma de sabiduría hermenéutica, referida a las ciencias derivadas de la interpretación del texto sagrado, cuya defensa sostuvo Abenalsid, en la que no se debe admitir la inclusión de términos procedentes de la lógica como pretendía Avempace. En esta ocasión, según narra el propio Abenalsid, por presiones externas al propio debate, parece que se le otorgó la victoria a Avempace.

Las escuelas kalamitas
En la tradición árabe, el *kalam* es ciencia interpretativa de los hadices del Corán en conexión con las ciencias autóctonas como la gramática, mientras que la lógica-*falsafa* es ciencia extranjera procedente de los griegos. El término *kalam* significa primariamente 'discurso', y el método que utiliza es dialéctico, oponiendo argumentos; los kalamitas (*mutakalimun*) aceptan como principios las verdades coránicas y buscan argumentos racionales para justificarlas, solventando posibles dudas, frente a los filósofos (*falasifa*), que adoptan una posición neutral ante los principios metafísicos y teológicos, que deben ser establecidos por medio de la propia argumentación racional, o bien parten de los principios ya establecidos por los filósofos griegos para contrastarlos argumentativamente con los principios de la fe islámica.

A partir de Avicena, la lógica se incorpora a la formación de teólogos y juristas. En el mundo árabe el interés por la lógica y la filosofía se extendió en el califato abbasida (750-1258) a través de la traducción de textos helenísticos, sobre todo con la figura de Alkindi, en círculos auspiciados por el sistema de patronaje de los príncipes. Más tarde las madrasas se desarrollaron al mismo tiempo que las universidades en Occidente, sin que los falasifa trabajaran en un espacio institucional. La lógica estudiada en las madrasas fue la aviceniana, no la aristotélica.

Cuando comenzó la influencia de la teología racional en las escuelas de interpretación coránica, surgieron diferentes escuelas que se oponían por el papel que le concedían a la lógica racional en la interpretación de los textos del Corán.

a) La escuela *asharí*, fundada por Abu al-Hasan al-Ashari (873-935). Los asharíes limitan el papel de la lógica racional en la interpretación de los textos del Corán y la Sunna a la labor de eliminar las posibles ambigüedades. Los asharíes trataron la cuestión del fatalismo en relación a la libertad del hombre, afirmando la doctrina de la *kasb* o 'adquisición', según la cual es Dios quien produce realmente todas las acciones humanas, pero el hombre es libre, y, por tanto, responsable de sus actos, en la medida en que 'adquiere' o asiente al acto que realiza como si fuera libre. Un notable adherente a la escuela asharí fue Algacel, quien limitaba la pretensión del *kalam* al desvelamiento o ins- piración de las verdades, pues no produce conocimiento. Algacel, partidario de los abbasidas, se opone a la doctrina de los batiníes según la cual el Corán contiene un sentido oculto, que solo el imán puede desvelar, lo que puede vincularse con una defensa del califato fatimí

b) La escuela *azharí* practica una interpretación literal (*zahir*) del Corán y de los hadices, oponiéndose a cualquier tipo de interpretación racional como la de los kalamitas. Así, estos textos sagrados poseen una autoridad absoluta tanto en las cuestiones religiosas como jurídicas. Se opone también a una interpretación esotérica o alegórica de la letra (*tawil*), y solo acepta un tipo de comentario literal como el comentario tradicional *tafsir*, versículo a versículo o palabra a palabra, que se llevó a cabo a la muerte del Profeta para aclarar las palabras reveladas. Así pues, las ambigüedades o sentidos oscuros no deben ser interpretados, sino delegados a Dios mismo (*tafwid*), dado que no pue- den ser comprendidos de ningún modo por la inteligencia humana, que no debe cuestionarse sobre su significado.

A veces se identifica esta teología tradicionalista con la escuela *hanbali*, que sigue a Ibn Hanbal (780-855), quien estudió las enseñanzas de todas las escuelas de jurisprudencia: hanafí, malikí, shafíi y jafarí, además del *kalam*. Se opuso al racionalismo mutazilí, en favor de la estricta adhesión al Corán y a la Sunna aceptada, y afirmó que el Corán es increado, siendo perseguido por ello por los abbasidas. Como los mutazilíes gozaban de la protección del califa, Ibn Hanbal pasó encarcelado una gran parte de su vida.

c) El *maturidismo* es una escuela fundada por Abu Mansur al-Maturidi (853- 944), quien polemizó con los mutazilíes y también con escuelas cristianas como los maniqueos o los marcionitas. Sostuvo una doctrina intermedia entre el mutazilismo y el asharismo, pues, a veces, aceptó la interpretación alegórica de los mutazilíes, pero en otras ocasiones se decidió por una lectura literal.

d) La escuela *mutazilí* fue la más racionalista, pues basó su interpretación de los textos sagrados en el *kalam*. Hasan al Basrí, el maestro del fundador del mutazilismo, sostenía que el pecador debe aún ser considerado entre los fieles, mientras que Wasil adoptó una posición intermedia: el pecador no puede ser considerado infiel (*kafir*), pero tampoco un creyente (*mumin*), como pensaba su maestro, sino que se encuentra en un estado intermedio, neutro, entre el creyente y el infiel (*manzilah bayna al-manzilatayn*), de modo que el pecador es solo un impío (*fasiq*), pero no un infiel (*kafir*), como sostenían los jariyíes, por lo que puede permanecer en la comunidad.

Se considera que esta posición neutral entre los extremos puede denotar la influencia de la lógica de tres valores aristotélica, particularmente en lo relativo a los futuros contingentes.

De la unicidad absoluta de Dios se deriva la creencia en que el Corán, que recoge la palabra divina, ha sido creado, por lo que puede ser interpretado por el hombre, ayudándose de los pasajes claros para determinar el sentido de los pasajes oscuros.

10. La lógica judía

A partir del siglo x florece la exégesis gramatical y racional de la Biblia. En la exégesis filológica destacan Yehudá ben David Hyyuj y Yoná ibn Janá. Los intérpretes renuevan la interpretación del sentido del texto bíblico, a partir del *Talmud* y en menor medida del *Midrash*, tratando de resolver con instrumentos filológicos las aparentes incongruencias entre la letra de la Ley y las disposiciones legales transmitidas por la tradición oral, destacando Moshé Ibn Gikatilia (siglo xi) y Abraham Ibn Ezra, formado en al-Ándalus (siglo xii). También se renueva la poesía, tanto litúrgica como profana, en un lenguaje bíblico que utiliza la prosodia árabe, y que sigue cánones muy rígidos. Es la época de figuras tan señeras como Salomón Ibn Gabirol, Moshé Ibn Ezra o Judá Haleví, autor de los nostálgicos *Cantos de Sión*.

La lógica cabalística

La vena mística del judaísmo se expresa sobre todo en la cábala (קַבָּלָה, *qabbaláh*), que significa literalmente 'recepción' o 'tradición', que expone las enseñanzas místicas y esotéricas del judaísmo, pero las envuelve en una concepción lógica peculiar, que hace uso de los símbolos y los números.

Su origen se remite a las profecías apocalípticas del profeta Ezquiel. Hasta el XIII, designaba al *Talmud* y otros textos de la mística gnóstica. Los primeros textos cabalísticos como el *Libro de la creación* (*Sefer*) atribuido a Akiba (m. 135) son muy antiguos, pero los textos más importantes serán recogidos en el *Libro del esplendor* (*Zohar*) en la segunda mitad del XIII, donde se expone la mística de los nombres y las letras, y que tendrá un destino como depositario de múltiples tradiciones, muy similar al del *corpus dyonisiacum* en Occidente. En la recopilación titulada el *Libro de la claridad* (*Sefer ha-bahir*) se expone un sistema que surge a partir de las diez fuerzas primigenias que manifiestan lo divino, que son los *sefirot*. En los siglos XII y XIII la tradición cabalística continúa en el Languedoc con Abraham ben Isaac de Narbona, Abraham ben David de Posquiéres, y su hijo, el rabino Isaac el Ciego, al que se ha atribuido, con seguridad falsamente, la autoría del *Libro de la claridad*.

La cábala parte de que la esencia divina no puede ser conocida por su infinitud, por lo que solo hay acceso a la divinidad a través de sus emanaciones. De su estudio se ocupa la cábala, para determinar los atributos divinos (*sefirot*). Toda la tradición judaica es reinterpretada desde la perspectiva del significado oculto de las palabras y de los mandatos de la ley, tomando de los *sefirot* un extremado simbolismo, con lo que se opone tanto al literalismo como al racionalismo en la interpretación de los textos sagrados. Dios no se expresa en emanaciones sino en *sefirot* que son diez elementos dinámicos del pleroma divino: corona suprema, sabiduría, inteligencia, amor, poder y justicia, misericordia, paciencia constante, majestad, fundamento o base y reino.

En la tradición hebrea, los números se representan mediante las letras del alfabeto, de modo que los cabalistas usan el método de interpretación de la *gematría* para interpretar el texto bíblico por el valor numérico de sus letras, estableciendo analogías entre palabras con el mismo valor numérico. En la literatura cabalística las clases de interpretación de la Biblia del *Talmud* se ordenan en cuatro niveles: el *Pshat* (el sentido literal), el *Remez* (el sentido implícito), el *Drash* (el sentido alegórico) y el *Sod* (el secreto que oculta, su dimensión mística). Las cuatro letras forman la palabra 'Pardes' (*pomar*, o jardín del Edén). La interpretación nunca debe abandonar el sentido literal del texto bíblico, aunque los demás niveles van proporcionando un conocimiento más profundo. Sin embargo, el sentido *Sod*, como en la interpretación del texto de *Apocalipsis* 13:18, en el que la identidad de la Bestia se expresa por su valor numérico 666, se considera más arriesgado, pues puede concluir en la apostasía, por estar muy alejado del texto simple.

En el siglo XIII, la cábala conoce un periodo de esplendor, sobre todo en Cataluña, y, así, la escuela de Gerona llega a ser un importante centro de irradiación del cabalismo entre 1210 y 1260. La cábala trata de presentarse como el centro virtuoso entre el racionalismo filosófico y el fideísmo estricto, pretendiendo fundar una nueva ortodoxia. Para ello, por ejemplo, combina la creación *ex nihilo* con el emanantismo neoplatónico. Uno de los episodios más célebres de esta tradición es el de la controversia pública de Barcelona, organizada en 1263 por el rey de Aragón Jaime I, en la que fue obligado a participar Moshé Najmánides (conocido por su acrónimo *Ramban*), al que se enfrentó el teólogo cristiano converso Pablo Cristiano, que escribió un acta de la reunión en hebreo. Pablo creía haber encontrado párrafos en documentos en los que los judíos reconocían el hecho del nacimiento del Mesías, que habían sido ocultados por la autoridades judías, pero Moshé le opuso que no se habían dado los signos de la venida del Mesías anunciados por los profetas: la paz universal, el retorno de los judíos a la Tierra Prometida y la reconstrucción del Templo de Salomón. Ambos oponentes se declararon vencedores de la disputa, pero Moshé tuvo que emigrar a Tierra Santa, donde escribió un comentario del Pentateuco, en el que se evidencia el sincretismo característico del neoplatonismo, al mezclar elementos filosóficos con expresiones místicas y comentarios tomados del *Midrash*.

En el debate entre mística e inspiración filosófica, para Yistsaac ben Abraham Ibn Latif debe prevalecer esta última sobre las especulaciones mistéricas, mientras que otros, como la máxima autoridad de la comunidad judía de Castilla, Todros ben Yosef Ha-Leví Abulafia, se decantan por una cábala de influencia gnóstica. Desde una perspectiva aún más radical, Abraham Abulafia desarrolla una cábala profética, que concluye en que el cabalista es su propio Mesías, y su discípulo Yosef Gikatilia continúa los estudios de su maestro sobre la mística del lenguaje, centrada en los elementos léxicos de los nombres divinos. Por su parte, Moshé de León evoluciona hacia la cábala teosófica, que va a cristalizar en la obra *Sefer ha-zohar*, el *Libro del esplendor*, escrito en arameo, que Moshé de León atribuyó a Shimon bar Yojai, un sabio del siglo II, aunque parece escrito por el propio Moshé. El *Zohar* es una serie de libros que comentan la *Torah*, interpretan otros escritos bíblicos, y, además, recogen material teológico, cosmogónico y místico. Su objetivo es dilucidar la naturaleza de Dios, del universo, de las almas, la relación entre el alma y la luz divina y entre la energía universal y el hombre. Su interpretación de la Biblia equivale al *Midrash* bajo una forma esotérica, y alcanzaría una autoridad comparable al *Talmud*.

En los siglos XIV y XV la cábala se extiende más allá de España e Italia y, así, en Bizancio aparecen el *Sefer ha-pelia*, que trata sobre el inicio del *Génesis* y el *Sefer ha-kana*, que comenta extensamente los 613 mandatos del *Halajá*. Pero, la crisis del judaísmo del siglo XV, sobre todo en España, lleva a una desaparición de libros cabalísticos importantes. En España los filósofos judíos encontraron un poderoso enemigo en la cábala, que pretende ofrecer una alternativa a la filosofía 'exterior' aristotélica y neoplatónica. Algunos filósofos judíos españoles como ibn Matqa (1215) y Aboulafia (1240-1291) tenderán a asimilar la cábala con la práctica profética y a establecer paralelismo entre el pensamiento filosófico místico y las enseñanzas cabalísticas.

La polémica con los cristianos

En cierto sentido, durante la Edad Media solo el pensamiento y la cultura de los judíos tuvo un carácter universal, pues se ha desarrollado tanto en el mundo árabe, de donde ha importando el *kalam* y sus filosofías, por su estatuto de minoría protegida, como en el Occidente cristiano, y, con más dificultades en Bizancio, donde se les impuso la aculturación griega. Aunque ni el hebreo ni el arameo han sido utilizados como lenguas filosóficas, los judíos han tenido un papel fundamental en la era de las traducciones, al haber traducido al árabe (desde el griego) y al latín obras filosóficas y teológicas de las otras dos religiones monoteístas, lo que ha favorecido extraordinariamente la permeabilidad cultural.

El pensamiento racional judío se nutre esencialmente del *kalam* y la *falsafa* de los musulmanes. En cambio, apenas encontramos conexión –si la hay en absoluto– con la teología cristiana. Los polemistas judíos atacaron el cristianismo por la irracionalidad de sus principales doctrinas, como la Trinidad, la Encarnación, la transubstanciación o la virginidad de María.

Al igual que sucedía con los musulmanes, los judíos no se interesaron por las doctrinas religiosas o teológicas de los cristianos. Por ello, la crítica judía no se basó en lecturas de los teólogos cristianos, sino en el contacto con los polemistas y misioneros encargados de intentar su conversión, lo que les daba una motivación para el estudio y la refutación del cristianismo. El desconocimiento de los argumentos de los teólogos cristianos hace que no se tengan en cuenta las respuestas que estos ya habían dado a las críticas que repetían constantemente los polemistas judíos. La crítica se centró sobre todo en la explicación de la Trinidad, donde los judíos se fijaban en nociones muy simples –por ejemplo, analogizando la Trinidad con los simples atributos divinos del poder, la sabiduría y la voluntad– con las que los misioneros trataban de convencerlos de la proximidad de las doctrinas cristianas con sus propias creencias. De este modo, en general, puede decirse que la utilización por parte de los judíos de argumentos filosóficos en la crítica al cristianismo solo tenía por objeto levantar los mayores obstáculos posibles ante la ofensiva cristiana para lograr su conversión.

Capítulo 2

La lógica escolástica: *LOGICA NOVA* (s. xiii)

Desde mediados del siglo xii, los sabios latinos estaban en disposición de aprovechar nuevas traducciones latinas de tratados del *Organon* no accesibles hasta ese momento. En conjunto, estos textos reciben el nombre de *logica nova* o *ars nova*, que está compuesta, en principio, por las traducciones de Boecio de *Analíticos primeros*, *Tópicos* y *Sophistici elenchi*, que se habían perdido y que se redescubrieron a partir de 1120. Estas traducciones se difundieron en el mundo latino, junto con obras traducidas a partir de las fuentes árabes y griegas, como es el caso de Jacobo de Venecia, quien entre 1125 y 1150 completó el corpus lógico aristotélico, traduciendo del griego *Analytica posteriora*, y también proporcionó una nueva traducción de los *Sophistici elenchi*. Además, de los *Analíticos segundos* existe una versión conocida como *Translatio Joannis* (anterior a 1159), también del griego, mientras que la de Gerardo de Cremona (anterior a 1187) es del árabe, que son antecedentes de la traducción de Guillermo de Moerbeke (aprox. 1269).

Sin embargo, el acceso a estas obras de lógica no implicaba su utilización efectiva, que tendrá que esperar a que, ya en el xiii, surja una institución apta para integrar estos escritos en un sistema escolar coherente: los *Studia generalia* o universidades. Es en estos nuevos 'estudios generales' donde la lógica aristotélica al completo se empleará para la formación de los jóvenes estudiantes en Artes, para la creación de una literatura lógica en forma de manuales y sumas, y, en general, como herramienta metodológica en todas las facultades.

1. La estructura institucional de la universidad medieval

El siglo xiii reafirma el progreso de la cultura en Europa iniciado en el siglo anterior. La recuperación del comercio posibilita el renacer de las antiguas ciudades romanas que establecen relaciones territoriales gracias a las reabiertas vías de comunicación. En estas nuevas ciudades resurgen las actividades culturales y, a comienzos del siglo XIII, aparece una institución nueva desconocida en la antigüedad: la universidad, bajo el patronazgo de dos poderes centralizadores, la Iglesia de Roma y la monarquía.

No existe un modelo único en la creación de las universidades, siendo cada una de ellas el fruto de una serie de condiciones particulares. Algunas nacieron a partir de escuelas episcopales o monásticas, otras surgen a partir de otra universidad ya existente: Cambridge de una crisis de Oxford, los *studia* de Vicenza (1204), Arezzo (1215) o Padua (1222) son el resultado del éxodo de estudiantes de Bolonia por problemas con las autoridades comunales. También la imitación juega un importante papel, sobre todo en las universidades centroeuropeas a partir de mediados del XIV, como es el caso de Praga, Cracovia y Viena. Los poderes civiles y religiosos de las ciudades se vieron también involucrados en el nacimiento de las instituciones universitarias.

A principios del XIII las universidades de más prestigio eran París por la Teología, Bolonia por el Derecho y Salerno por la Medicina. Los maestros examinados por la corporación magisterial de los estudios generales recibían el permiso para enseñar en otros centros inferiores, por lo cual se fue adhiriendo al significado central del nombre *Studia generalia* la idea de la validez ecuménica del título de maestro, y, de hecho, se solía otorgar la denominación 'generale' a cualquier escuela fundada por algún maestro proveniente de alguna de las grandes universidades antes mencionadas. Esta nebulosa difusión acabaría cuando los grandes poderes europeos, la Iglesia y el Imperio, quisieron hacer de la universidad una expresión de su poder, y determinaron que la prerrogativa de su fundación les era exclusiva. En 1224, el emperador Federico II fundó el *Studium generale* de Nápoles, el papa Gregorio IX en 1229 el de Toulouse, y en 1244 Inocencio IV estableció el *Studium generale* en la corte pontificia, y después lo solicitaron muchas otras ciudades. De este modo se asumía que la fundación de universidades era prerrogativa papal e imperial, como la de crear notarías públicas. También las órdenes mendicantes establecieron *Studia generalia* en sus provincias, que recibían el *ius ubique docendi*.

Los comienzos de la autonomía universitaria parisina se sitúan hacia 1200, cuando Felipe Augusto apoya a los estudiantes en su enfrentamiento con los ciudadanos y concede a los escolares la inmunidad respecto de las autoridades civiles, traspasando la jurisdicción al obispo y al canciller. Además, los más jóvenes estudiantes y maestros en Artes emigraron a la orilla izquierda para ponerse bajo la autoridad del abad de Santa Genoveva. Las sedes episcopales son la principal fuente de financiación de las escuelas. Los maestros y estudiantes son *clerici*, aunque no estaban obligados a tomar las altas órdenes sacerdotales, esto les proporcionaba protección frente a los poderes locales. En el XII florecen escuelas catedralicias y episcopales en Francia entre el Loira y el Rin (Laon, Reims, Melun, Chartres), pero finalmente prevalece París. A mediados del XIII las universidades más importantes eran París, Oxford y Bolonia. La primera al este de Rin es la de Praga (1348).

Roberto de Courçon en 1215 da instrucciones sobre la enseñanza en la Universidad de París. Antes aproximadamente un maestro compraba este derecho al canciller de la catedral, y luego se regularía en la universidad. Comienza la división en cuatro naciones: francesa (París, Italia, España), normanda, picarda (norte de Francia), anglo-alemana, cada una con sus propias escuelas. El más conocido documento relativo al nacimiento de la universidad es la bula del 13 de abril de 1231, en la que se crea la Universidad de París 'ciudad de las letras, que brilla con un destello precioso, grande sin duda, pero que hace esperar más grandes cosas gracias a los que aprenden y a los que enseñan' (*Chartularium Universitatis Parisiensis*, T. 1, pp. 136-139). La bula actúa en tres órdenes estatutarios:

- Establece el procedimiento en que se concede la licencia para enseñar a los maestros de todas las facultades, por comisiones formadas por los propios maestros.
- Se prevé la necesidad de establecer claramente una regulación organizativa interna sobre los horarios de las clases, y sobre las lecciones que se deben impartir.
- Se reconoce la autonomía de maestros y estudiantes respecto de otros poderes civiles o eclesiásticos.

Este modo de estatuir los procedimientos de organizar la vida universitaria y su relación con las diversas autoridades será el modelo para la normativa establecida en otros momentos y lugares. El primer maestro dominico teología fue Rolando de Cremona y el primer franciscano fue Alejandro de Hales (ambos ca. 1231). En 1254 los mendicantes tienen 12 cátedras en la Facultad de Teología y los seculares 3 cátedras.

La estructura institucional: las facultades

Los cambios económicos y sociales, los crecientes contactos con los árabes y la red organizada en torno al trabajo de los traductores explican las grandes transformaciones que se producen en la educación europea. Dada la extensa producción literaria que afluía a los centros de la cultura europea, se olvidaron las pretensiones de universalidad de sabios como Alcuino, y el saber se orientó hacia la especialización. De ahí la división de la universidad en cuatro facultades:

a) Artes:

En esta facultad inicial para los más jóvenes se impartía, como en los monasterios o el resto de las escuelas urbanas (parroquiales, episcopales, catedralicias): *Trivium*: gramática, dialéctica (lógica) y retórica, y *Quadrivium*: Aristóteles, más técnicas matemáticas y astronómicas. Sus estudiantes estaban comprendidos entre los 15 y los 21 años. Por ser la facultad en la que se estudiaba lógica, nos referiremos a ella más extensamente.

b) Medicina:

El siglo XI había conocido un renacimiento de la medicina, tanto como de los estudios dialécticos, teológicos y jurídicos, pero fue la escuela de medicina de Salerno la primera en alcanzar un notable prestigio, mucho antes que la dialéctica de París y la jurídica de Bolonia. Aunque hay vestigios de que ya en el siglo IX en la ciudad se practicaba la medicina, y de que en el X había médicos expertos, solo hacia la mitad del XII hay testimonios de la existencia de una escuela de medicina. Parece que no hubo relación directa entre su desarrollo y los contactos con los árabes del sur de Italia o Sicilia.

Había traducciones al latín de Hipócrates, Galeno y otros médicos griegos desde el siglo VI. Tenemos obras escritas de médicos de Salerno de comienzos del XI, como Gariopontus (ca. 1040), sin que se encuentren huellas de influencia arábica, sino más bien por la supervivencia del griego en esta parte de Italia. La doctrina de los humores de Galeno e Hipócrates se convirtió en la doctrina oficial de Salerno. En el curso de sus viajes Adelardo de Bath llegó a Salerno y recuerda haber oído cerca de allí a una filósofo griego hablando sobre medicina y otras cuestiones naturales. Supuestamente la influencia árabe habría venido de la mano de Constantino el Africano, que se habría visto obligado a viajar a Salerno, y se habría retirado en el monasterio benedictino de Montecasino, ocupándose, bajo el patronazgo del abad Desiderio, el futuro papa Víctor III, de traducir al latín escritos de los médicos griegos y árabes. Con la visita a Salerno del duque de Normandía Roberto, para ser curado de sus heridas tras la primera cruzada, el prestigio de la escuela alcanzó su máximo. La *Flos medicinae scholae Salernitanae* estuvo dedicada al rey inglés con motivo de esta ocasión.

La duración de los estudios era de unos seis años. Los libros manuales que se leían eran:

- Hipócrates: *Aphorismi, Prognosis.*
- Galeno: *Ars medica o Ars parva o Tegnio Microtechne.*
- Dioscórides: *Materia medica.*

A pesar de tratarse una enseñanza práctica, se utilizaba el método de la *lectio*, como es el caso de Mondino de Liuzzi (ca. 1270-1326), Mundinus, profesor de Medicina en la Universidad de Bolonia. En sus clases de medicina práctica un barbero-cirujano realizaba la disección y un *ostensor* (o *demonstrator*) mostraba la correspondencia entre lo que leía el maestro, su manual *Anathomia corporis humani*, y las partes del cuerpo diseccionado. El maestro en ningún caso manipulaba él mismo el cuerpo.

c) Derecho canónico y civil (utroque iure):
Ya a mediados del siglo XII Bolonia había consolidado su posición como primer centro de estudios legales en Europa. A finales del siglo anterior, Irnerius, un jurista que se había formado independientemente, reunía a estudiantes procedentes de toda Italia interesados en derecho romano, extendiéndose poco a poco su fama más allá de Alemania, por lo que estudiantes de gran parte de Europa siguieron sus enseñanzas, al calor del interés práctico para quienes deseaban ser servidores de gobernantes estatales y eclesiásticos en la época del florecimiento de la sociedad urbana. Como en medicina, los estudios duraban unos seis años. En cada una de las secciones se leían los siguientes manuales:

Derecho canónico (Corpus iuris canonici). Se leían dos libros: Graciano: *Decretum,* y *Extravagantes Ioannis XXII* (1325). El libro de Graciano se consolidó como el texto oficial para enseñanza de derecho hacia 1140. Del propio Graciano se conoce muy poco, aunque se piensa que fue un monje y se le vincula con la propia Bolonia. Escribió y compiló un libro de cánones que tituló *Concordia discordantium canonum,* en el que pretendía conciliar diferentes tradiciones canónicas en un sistema unificado, y que pronto fue conocido simplemente como *Decretum Gratiani.*
La obra no era ni un compendio ni un código estructurado, sino un trabajo dialéctico sobre fuentes a menudo contradictorias. Para ello ordenó los cánones en grupos de tópicos, que entraban en contradicción con el grupo siguiente, procurando su conciliación con un método semejante al que se impondría en la actividad universitaria mediante la apertura de tres respuestas a las argumentaciones: aceptación (*adfirmo, concedo*), rechazo (*nego*) o aplicación en diferentes contextos (*distinguo*). La aparición de este libro, que

pronto se popularizó sustituyendo a otras colecciones de cánones, señala el comienzo del denominado periodo 'clásico' del derecho canónico, que duraría unos doscientos años. El carácter dialéctico de esta obra responde perfectamente al ideal cuestionador que por la misma época estaba imponiéndose en teología gracias a las *Sententiae* de Pedro Lombardo.

Muy pronto en todas las escuelas de derecho aparecieron glosas al *Decretum*, con el título de *Apparatus glossarum* o *Lectura*, y comentarios más sistemáticos que recibían el título de *Summae*. La primera colección de glosas del *Decretum* se le atribuye a al maestro de Bolonia Paucapalea, y se supone anterior a 1148.

Las primeras cinco colecciones de decretales posteriores al *Decretum* se conocen como las *Quinque compilationes antiquae*, y fueron utilizadas como libro de texto en las escuelas de derecho canónico a finales del XII y principios del XIII, y se suelen conocer como *Compilationes extravagantes*. Zenzelinus de Cassanis († 1354), un antiguo profesor de cánones y derecho civil en Montpellier, compiló y glosó una pequeña colección privada de decretales, durante su residencia en la corte papal de Avignon, que se conoce como *Extravagantes Johannis XXII*, que se publicó en 1500 como parte del *Corpus iuris canonici*.

Derecho civil (Corpus iuris civilis). Se leían:

- Recopilaciones de Justiniano: *Digestum, Codex, Institutiones y Novellae.*
- *Libris* o *Consuetudines feudorum* (emperadores alemanes).
- *Authentica habita* (Federico Barbarroja la avala: 'Sea tenida por auténtica compilación') o *Privilegium Scholasticum.*

Aunque el propio Graciano había incluido muy pocas referencias al derecho civil romano en su *Decretum*, muy pronto se encontraron en los manuscritos interpolaciones de 150 nuevos cánones, entre los que se encontraban un significativo número de textos de derecho romano. Ya a comienzos del XIII está bastante extendida en las escuelas la aceptación del corpus de Justiniano como una fuente complementaria a los cánones, a fin de encontrar soluciones a los problemas jurídicos de gran dificultad.

Normalmente, los estudiantes necesitaban graduarse en *utriusque iuris*, a fin de facilitar el éxito de su carrera como juristas, de modo que circulaban ampliamente manuales de ambas especialidades en las dos facultades. Así, en la segunda mitad del XIII ya encontramos numerosas referencia al *ius commune*, como el conjunto de conceptos y prácticas legales romano-canónicos, que comprendían no solo textos originales, sino también las glosas correspondientes, que se precisaban en las cortes municipales y reales. De hecho, las prácticas y principios del *ius commune* fueron utilizados como modelo en las cortes judiciales locales para resolver los conflictos en todo tipo de comunidades.

El título de *magister decretorum*, entendido como el concedido a quien ha seguido el curso de estudios en derecho canónico y ha sido examinado por sus maestros, va desapareciendo. Hacia mediados del XIII se habla de *doctor decretorum*, que no solo ha completado sus cinco o más años de estudios, sino que ha pasado con éxito un examen privado y otro público, para después haber ejercido como lector en su propia universidad. Quien había superado sus primeros uno o dos años de estudios era descrito como *baccalaureus decretorum* y si había superado el examen privado como *licenciatus decretorum*.

En esos años ya era común la celebración de una ceremonia específica para admitir a los canonistas en el oficio jurídico profesional, cuyo control dependía de los jueces de las cortes en las que los aspirantes eran admitidos. Sin embargo siempre se requería el certificado previo de las universidades de que el aspirante poseía las necesarias capacidades y destrezas para ejercer su labor.

La actividad escolar en las facultades de derecho, tanto canónico como civil –ya que la normativa consuetudinaria y los estatutos municipales no eran objeto de estudio en las universidades–, consistía casi exclusivamente en el análisis dialéctico de los textos, estableciendo su estructura argumentativa, explicando el significado de sus parágrafos, resolviendo los conflictos entre las distinciones y cuestiones, y su posible aplicación.

Los maestros de derecho canónico o facultad de decretos, seguían un mismo procedimiento, asistiendo a las lecturas, generalmente en las mañanas, mientras las tardes estaban dedicadas a las revisiones (*repetitiones*). Los estudiantes precisaban de una excelente memoria, debiendo ser capaces de recordar numerosísimas leyes con sus citas y referencias correspondientes, generalmente mediante el recurso de recordar las primeras palabras de cada una. Al menos en la Universidad de París, las lecturas debían escucharse sin notas e incluso, al final del día, sin luz.

d) Facultad de Teología:
En la facultad de teología los estudiantes deben cumplir una serie de requisitos: ser de nacimiento legítimo, haber concluido sus estudios en Artes y ser agregado por un maestro para frecuentar sus cursos. Aunque el desarrollo y duración de la enseñanza varía según las universidades, se puede esbozar un esquema general:

La primera parte de los estudios (*auditio*) dura siete años, aunque luego será reducida a seis años, un periodo durante el que el oyente debe asistir a las lecciones elementales sobre la Biblia impartidas por el *cursor* o bachiller biblista, a las lecciones ordinarias del maestro y a las lecciones sobre las *Sentencias* impartidas por el 'sentenciario'. Debe estar también presente en todas las disputas y, en algunos casos, si lo pide el maestro, prestar su concurso como *opponens*.

En los años siguientes, el estudiante es sucesivamente: *baccalaureus biblicus*, *baccalaureus sententiarius* y *baccalaureus formatus*:

- el biblista (o *cursor*) da las explicaciones cursivas de la Biblia y 'responde' en las disputas (dos años);
- el sentenciario realiza una lectura ordinaria de las *Sentencias* de Pedro Lombardo (dos años, y luego un año en el siglo XIV);
- el bachiller formado está obligado a cuatro años de presencia casi ininterrumpida en la universidad, donde debe asistir a todos los actos escolares solemnes, así como a todos los actos religiosos, dando sermones (uno por año) y 'colaciones' (conferencias sobre temas teológicos no impartidas en lugares sagrados); además, debe prestar su concurso activo en cinco debates escolares (*respondere de quaestione*) entre los que están la *aulica* (en el aula del obispo de París), *vesperia*, *quodlibeta* y las disputas generales.

El paso al magisterio que culmina estos quince años de estudios teológicos concluye con una serie de disputas con las cuales el bachiller se ha ido familiarizando en sus años de formación (*formatus*). En el primer día lectivo que sigue a su promoción debe retornar a todo lo que ha sido dejado sin determinar en las discusiones, lo que constituye el resumen o determinación detallada (*determinatio valde prolixa*).

Más esquemáticamente, podemos presentar un modelo genérico de currículo de los estudiantes de Teología del siguiente modo:

- Estudios preparatorios: asistencia a *lectiones* y *disputationes* – 6/7 años.
- Actuación como *Baccalaureus biblicus*: asiste a lecturas ordinarias de la Biblia, imparte lecturas cursorias de la Biblia y responde en *disputationes como respondens* en debates sobre textos bíblicos – 2 años.
- Actuación como *Baccalaureus sententiarius*: lecturas ordinarias y *disputationes* sobre las *Sententiae* de Pedro Lombardo – 2 años.
- Actuación como *Baccalaureus formatus*: *opponens* y *respondens* en *disputationes* – 4 años.

- *Inceptio* como *Magister* en teología: *determinatio* en *disputatio* pública especial (3 sesiones).
- Actuación como *Magister theologiae*: lecturas ordinarias de la Biblia y determina las *disputationes* – duración indefinida.
- *Magister actu regens.*

Después de alcanzar el grado de maestro regente en Artes se podía estudiar Teología, pero algunos siguieron como maestros en Artes mucho tiempo: Roger Bacon, Siger de Brabante, Boecio de Dacia, Juan Buridan. Solo se podía llegar a maestro regente en Teología si había alguna cátedra libre. De hecho, Ockham es conocido como *Venerabilis Inceptor*, lo que indicaba que no había llegado a ser regente. Después de ocupar la regencia un año, el maestro solía ser destinado al más alto cargo de su orden o fundar su propio *studium*, y dejaba su puesto a otro.

Los textos que se utilizan en la facultad de teología son de dos tipos:

a) Textos que recogen la enseñanza universitaria: son comentarios de las *Sentencias* o la Biblia.
- *Reportatio*, apuntes de un estudiante.
- *Ordinatio*, textos preparados por el maestro.
- *Quaestiones*, que no incluyen el comentario sino que exponen muchas cuestiones distintas.
- *Lecturae* ordinarias o cursorias de la Biblia o de Aristóteles.
- Otros textos que no siguen el modelo habitual.

b) Textos que no recogen directamente la enseñanza:
- Las *Summae* como las de Tomás o la *Summa totius logicae* de Ockham.
- Monografías, generalmente polémicas, como el *De unitate intellectu* de Tomás o *De erroribus philosophorum* de Gil de Roma.
- Comentarios libres sobre las obras de Aristóteles, de Alberto Magno o Tomás.
- Escritos más literarios, como el *Itinerarium* de Buenaventura.

2. La enseñanza de la lógica en las facultades de artes

La creación de las facultades de artes en las universidades medievales respondió en su momento a la necesidad de proseguir en el ámbito universitario la tradición de los estudios de las artes liberales que habían dado continuidad a la enseñanza tardoantigua y medieval, por la necesidad, en un principio, de formar a los hombres de Iglesia para la labor de predicación y de difusión del mensaje cristiano y, más tarde, de formar a quienes debían hacerse cargo de los puestos de autoridad en el mundo urbano. El gran cambio en el estudio del *Trivium* se inició cuando hacia 1130-1160 comienza una primera oleada de recepción del *Organon* completo aristotélico, y luego para el *Quadrivium* cuando ya forman parte de los estudios los 'libros naturales' de Aristóteles con los comentarios árabes.

El carácter propedéutico de los estudios de artes para las facultades superiores confería a los maestros un menor prestigio, lo que se expresa vivamente en el adagio: *'non est senescendum in artibus'.* No obstante, a juzgar por la nueva documentación disponible, puede concluirse que, aunque se confirma que la mayor parte de los artistas utilizaron su labor en la facultad de artes como un trampolín para alcanzar el objetivo de ser maestros en teología, el caso de Juan Buridan, que permaneció toda su vida como artista, no fue único en el siglo xiv, al menos entre los maestros ingleses y alemanes.

La organización y estudios de la Universidad de Oxford presentaban ciertas diferencias con el prototipo de la Universidad de París. En cuanto a la organización, en Oxford el canciller era el delegado del obispo en la universidad y el rector al mismo tiempo, y era él quien concedía el grado de bachiller, para lo cual se debía superar la 'determinación' que tenía lugar entre el Miércoles de Ceniza y el Jueves Santo, tras lo cual el estudiante podía leer en la facultad de artes. En París, los exámenes los presidía formalmente el canciller o sus representantes seleccionados por él, mientras que en Oxford no había realmente un examen formal, sino que el candidato a la licencia en artes debía jurar ante el canciller haber leído los libros requeridos, y 9 maestros regentes, además del maestro que presentaba al candidato, debían atestiguar (*deponere*) sus conocimientos por haber enseñado directamente al estudiante (*de scientia*), mientras que otros cinco debían confirmar su creencia de que ese conocimiento era adecuado (*de credulitate*). En cambio, en la facultad de teología todos los maestros, por unanimidad, debían confirmar los conocimientos del candidato *de scientia*.

El curriculum escolar, los grados, los libros que debían leerse y los ejercicios que habían de realizarse son similares a grandes rasgos en las dos universidades. Había no obstante, algunas diferencias:

En la universidad inglesa las pruebas necesarias para obtener el bachillerato en artes se situaban al final de los estudios y se reducían los requerimientos para obtener el grado de maestro en artes. Respecto a los libros que debían ser leídos, en Oxford no había tanta insistencia en la lectura de los libros de Aristóteles como en París, y se daba más importancia a las disciplinas del *quadrivium*, sobre todo a las matemáticas y la astronomía.

En general, los estudios comenzaban a los 14 años de edad, y tras 4 años se obtenía el grado de bachiller, y tras otros 4 se podía llegar a maestro en artes, de modo que la maestría podía obtenerse hacia los 22 o 23 años. Tras los 4 años de estudio, el estudiante recibía la *admissio ad lecturam alicuius libri Facultatis Artium.*

Para superar el examen o *determinatio* se requería haber oído (*audito*) libros de lógica, de gramática y de filosofía natural, y haber actuado como respondiente en una disputa *de Sophismatibus*, o, en su defecto, haber oído dos años, en lugar de uno los *Analíticos posteriores,* y haber respondido *de quaestione,* lo que suponía, más que realizar algún ejercicio en que se plantearan cuestiones sobre los textos –pues el 'cuestionista' no estaba autorizado aún a realizar más que una lectura cursoria o superficial de los textos, y no a leer respondiendo a las cuestiones planteadas en ellos–, jurar que los realizaría, cuando alcanzara el grado de maestro en artes en la iglesia de los Agustinos (*apud Augustinenses*).

Para la licencia y la incepción como maestro en artes se requerían tres años adicionales de estudio, haber sido admitido para leer algunos libros de Aristóteles (*ad lecturam alicuius libri Aristotelis*) y haber realizado los ejercicios consistentes en disputaciones, jurados anteriormente *apud Augustinenses.* Además, el candidato debía oír algunas otras obras, a parte de las lecturas a las que había asistido anteriormente para obtener el grado de bachiller, como libros concernientes a las siete artes liberales y a las llamadas 'tres filosofías' de Aristóteles: filosofía natural, filosofía moral y filosofía metafísica.

Existen diversos modelos de curriculum dependiendo del lugar o la orden religiosa, pero, en general, la estructura de los estudios, prácticas y tiempo que se debían atestiguar en la facultad de Artes es la siguiente:

a) Formación ordinaria. Total: 3 años:
- Asistencia diaria a *lectiones,* y semanal a *disputationes* – 2 años.
- Participación como *respondens* en debates de *sophismata* – 1 año.
- Participación como *respondens* en *quaestiones* de *quadrivium* – 1 año.

b) *Baccalaureus.* Total: 2/3 años:
- *Respondens* y *opponens* en debates ordinarios.
- Determinación en disputas *cuaresmales.*
- *Respondens* en disputa pública ante *magistri.*

c) Obtención de la *licentia docendi* como *magister.* Total: 2 años:
- *Opponens* en disputa pública solemne (*vesperies*).

- presidencia e intervención en la *disputatio* de investidura (*inceptio*).

d) Regencia como *magister* en artes: al menos 40 *disputationes* en los días reglamentados.

Los libros que debían leerse durante los años de formación son los siguientes: *Trivium* (Donatus: *Ars minor, Ars major*; Priscianus: *Institutiones grammaticae Priscianus maior* –los seis primeros libros–: morfología, y *Priscianus minor* –los dos últimos libros–: sintaxis; Cicerón: *De inventione*; Aristóteles: *logica vetus* –*Categoriae, De interpretatione, Isagoge*–, *logica nova* –*Analytica priora, Analytica posteriora, Topica*–; Tres filosofías: Aristóteles: *Libri naturales, Ethica, Metaphysica*), *Quadrivium* (Boecio: *De institutione arithmetica, De Institutione musica*; Alejandro de Villedieu: *Massa compoti* –*Principios de la composición calendario*–; Sacrobosco: *Algorismus*; Euclides: *Elementa*; Ptolomeo: *Almagesto*).

El principal manual de gramática es *Institutiones* (primeros libros: *Maior*, libros finales: *Minor*) de Prisciano. La mayoría de las copias contienen los libros I a XVI (a veces llamados *Priscianus maior*); algunos (con los tres libros de *Ad Symmachum*) contienen los libros XVII y XVIII (*Priscianus minor*). Unas pocas copias contienen ambas partes. El primer comentario a *Institutiones* del XII es *Glosulae*, que comienza con la definición de *vox*; relacionado con las *Glosulae* es *Notae Dunelmenses*.

Las *Glosulae* son conocidas por Abelardo cuando escribe su *Dialectica* (1113). Ya a partir del XII se distingue entre la dialéctica *in re*, siguiendo a los clásicos desde Boecio, y una dialéctica *in voce* que recoge la aproximación de los protonominalistas (*eandem dialecticam non iuxta quosdam modernos in voce, sed more Boetii antiquorum doctorum in re discipulis legebat*).

Contamos con un ejemplo tardío, el de la universidad alemana de Greifswald (1456), en que se detalla el curriculum para la obtención del grado de bachiller en artes, con indicación de los libros que hay que leer en cada etapa. Los libros manuales con autoridad eran la *littera*. Estos textos determinaban el curriculum, que es una lista de libros requeridos para pasar de grado.

a. *Litterae* (manuales): *Ars vetus,* 3 meses (mínimo); *Analytica Priora et Posteriora,* 3 meses; *Elenchi,* 2 meses; *Parva logicalia,* 4 meses; *Labyrinthus* (gramática), 1 mes; *Physica,* 6 meses *De anima,* 3 meses *Sphaera* (geometría), 1 mes y medio.

b. *Exercitia* (cuestiones resumidas de diversos autores): *Ars vetus,* año y medio simultáneamente con *Parva logicalia,* medio año; *Nova logica,* medio año; *Petrus Hispanus* y *sophismata* o *Sophistria*, medio año; *De anima* y *Parva naturalia*, medio año, con *Physica*, medio año.

Para ser maestro en artes se exigían lecturas adicionales:

a. *Lecturae*: *Tópicos, De caelo et mundo, De generatione, Metheora, Parva naturalia, Ethica Nic., Oeconomica, Politica, Theoria planetarum, Perspectiva, Arithmetica, Musica, Geometria, Metaphysica.*
b. *Exercitia*: *Physica, Nova logica, De caelo, De generatione, Metheora, Ethica, Metaphysica.*

3. LOS MÉTODOS DE ENSEÑANZA: LA LECTURA, EL COMENTARIO Y EL DEBATE

Los tres métodos generales usados en todas las facultades eran la lectura (*lectio*), el comentario (*commentarium* o *glossa*) y el debate (*disputatio*). Inicialmente, conectando claramente con la fase monástica, las tres obligaciones del maestro universitario son *praedicare, legere* y *disputare*. La enseñanza era oral. Se recordaba que Plinio había dicho que la voz viva afectaba al intelecto mucho más que la lectura de libros. Por ello la enseñanza se basaba en fórmulas, citas, argumentos tópicos y desarrollos conservados en la memoria.

La lectura o lección

La escolástica es, por una parte, una derivación peculiar del pensamiento cristiano hacia el naturalismo aristotélico, que empieza a ser considerado como el paradigma de la racionalidad, y, por otra, un modo de enseñar, que se hace posible en la medida en que la cultura abandona el recinto monasterial para difundirse a partir de las universidades urbanas. La enseñanza escolástica tiene aún un carácter esencialmente oral, en la tradición de la *schola* romana en que los retores declamaban sus discursos para un público más selecto y entendido del que solían encontrar en sus discursos políticos abiertos.

En la escolástica, la lectura sigue siendo la base de la instrucción, pero, a diferencia de la lectura literal del periodo monacal, al trasladarse la enseñanza a la universidad, se producen una serie de transformaciones, cuyas consecuencias irán haciéndose paulatinamente más significativas.

Los libros eran tradicionalmente un material precioso del que disponían solo los grandes señores como de un tesoro o una obra de arte, pero raramente se leían y menos aún eran un útil para la investigación. En cambio, con la relativa masificación de la enseñanza universitaria comienza a proliferar el número de ejemplares, muchos de ellos copiados por los propios estudiantes, de modo que el libro pasa a tener una función eminentemente utilitaria. El Libro era un objeto digno de reverencia por la autoridad de la palabra sagrada, que ahora es sustituida en la cultura universitaria escolástica por la *auctoritas* del *magister*, que deja de ser un simple *recitator* que dicta para la copia, para pasar a ser un *commentator* que plantea *quaestiones* polémicas y trata de resolverlas.

La pérdida del carácter sagrado del libro tiene su correlato en la transferencia de la *auctoritas* desde el *verbum* que se expresa en la letra revelada hacia la interpretación del maestro que lee y explica los textos fragmentarios de las autoridades universitarias. En estas condiciones, es cada vez más importante el papel que cumple la propia institución universitaria en el establecimiento de las autoridades de referencia.

La *lectio* universitaria acentúa la importancia del *magister*, que, aun siendo, en principio, un simple lector cuya principal tarea es dictar literalmente, empieza a tener un papel más activo en la organización de los textos. Hay que distinguir:

- La *lectio* es una sola clase.
- La *lectura* es una serie de clases sobre un mismo tema.
- La *prelectio*, explicación del maestro que adquiere más importancia en el sistema escolástico maduro.
- La *lectio cursorie* es la lectura permitida en artes y en los primeros cursos de enseñanza bíblica, en que se lee el texto de corrido, separando palabras, sin explicaciones ni comentarios.
- La *lectio ordinaria, magistraliter* es una lectura acompañada por explicaciones y comentarios.

La forma en que se establece la relación entre el *magister*-lector y los escolares aún es la *lectio*, pero en la escolástica se lee en voz alta, lo que evoca la antigua recitación de la cultura oral ante una comunidad de oyentes, que siguen siendo recipientes de la memoria, aunque ahora esta actividad se materialice en un escrito copiado por el estudiante.

El *ars dictaminis*, la técnica del dictado, que había sido una instrucción necesaria para la predicación, es en el aula universitaria un método de enseñanza análogo a lo que representaba la lectura silenciosa, pero en un contexto comunitario oral. Así pues, la labor del *magister* consiste, en un principio, exclusivamente en la *lectio litteralis* para la copia, una lectura en voz alta de los libros filosóficos o revelados, dependiendo de si la enseñanza se imparte en una facultad de artes o de teología. Pero, la propia actividad del leer se hace más compleja, tratando de extraer el sentido del texto mediante la división de los elementos gramaticales que lo componen.

Los recursos 'estilísticos' para separar palabras y frases –el término 'estilo' procede del *stilus*, que era el punzón con el que los copistas hacían los signos que separan las palabras en el texto– se incorporan al propio texto bajo la forma de signos, de modo que el lector se siente más liberado para efectuar una mínima interpretación del texto, mediante el énfasis en la *pronuntiatio*.

En estas condiciones, la rutina académica escolástica comprende exclusivamente el dictado y la copia, de manera que la transmisión de boca a oído, característica de la oralidad, se torna transmisión de boca a mano, en principio de un solo amanuense: el *reportator*, lo que hace de la copia un sustituto mecánico de la lectura auditiva. No cabe duda de que un factor tan aparentemente prosaico como es el simple hecho de que los estudiantes puedan disponer de libros –un material de estudio tan necesario como costoso– no es ajeno a que el dictado haya perdurado durante mucho tiempo, y que incluso algunos intentos por hacer evolucionar este método pedagógico hayan encontrado una fuerte oposición por parte de los propios estudiantes. Tal es la fuerza de la copia como método pedagógico que el humanista Erasmo aún la utilizará como procedimiento casi exclusivo en su enseñanza de las fuentes grecolatinas –*copia verbarum et rerum*–, si bien en el humanismo la copia ya había pasado al campo de la cultura visual.

En su periodo clásico, la escolástica tiende a ritualizar la relación escolar, elaborando métodos de lectura y explicación cada vez más complejos. Un gran avance en este proceso lo constituye la creciente importancia de la explicación, a medida que los textos se hacen más utilitarios, y las obras completas originales van siendo sustituidas por florilegios y sumas, selecciones de textos que permiten un examen más rápido de la ingente cantidad de material escrito que se incrementa en el mundo académico universitario.

A la íntima vinculación espiritual que se establecía entre el libro sagrado y el creyente le sucede una relación utilitaria en que los escritos tienen la función de contribuir a la rápida adquisición de unos conocimientos que cada vez son más amplios. Las glosas y anotaciones marginales con las que los primeros *magistri* iluminaban los libros como ayuda a su lectura se incorporan paulatinamente al propio texto, de manera que el libro se presenta más fragmentado y organizado, contribuyendo al peculiar carácter ritual de la enseñanza escolástica.

Las sentencias, que en un principio solo eran las partes en que se dividía el texto en la escritura separada para constituir unidades de sentido, pasan a determinar el modo de aproximación a las tesis de los autores, como en las

Sententiae de Pedro Lombardo, un autor probablemente de segunda fila, que tuvo la virtud de exponer todos los recursos de la nueva forma de enseñar fragmentada y ordenada que requería la cultura universitaria.

Es evidente que una relación educativa basada en la oralidad comunitaria se inclina a hacer del diálogo su instrumento básico, pero la ritualización del dictado y la copia producía un efecto de anquilosamiento en la forma y en el contenido de los cursos. Para abrir el ritual universitario a formas más libres de expresión dialogal nacen la *quaestio*, la *disputatio* y el *quodlibet* que constituyen la estructura lógica definitiva de la filosofía escolástica.

El método cuestionador

La historia del comentario universitario es un capítulo esencial de la historia de la liberación del pensamiento filosófico respecto de la tradición. Hasta el siglo XII el comentario de un texto consiste esencialmente en una glosa, las *glossae* o *glossulae*, que son comentarios que siguen un programa de lectura impuesto al texto. Hacia 1140 aparece otra forma que es un tratado organizado de manera más sistemática en torno a las articulaciones del libro comentado. En la segunda mitad del siglo XII y hasta 1230 la forma dominante del comentario es la *paráfrasis* de estilo aviceniano, donde el texto de partida se funde con el comentario en una exposición continua. A partir del conocimiento de los comentarios de Averroes en la universidad, la paráfrasis cede el terreno a diversas formas de comentarios emparentados con los 'comentarios medios' y los 'grandes comentarios', en los que se va aventurando un comentario más personal.

El maestro escolástico deja de ser un simple *recitator* pasivo que dicta literalmente y se hace un *commentator* cuando plantea activamente *quaestiones* que suscitan objeciones y respuestas. El *magister* ya no se somete puntualmente al *auctor*, sino que lo sustituye, se convierte él mismo en *auctor*, máxime cuando sus comentarios son, a su vez, objeto de lectura y explicación. La *lectio* cuestionadora escolástica es una lectura en común, en que se integran una pluralidad de textos en un diálogo ritualizado de objeciones y respuestas. De esta manera la lección magistral recupera el antiguo diálogo comunitario, en que la cultura no se concibe como algo que pueda permanecer en el ámbito de la intimidad, sino como una actividad pública, aunque la lectura ampulosa de la épica oral es sustituida por el dictado y la copia que mecanizan el proceso de la lectura, y ampliada luego al planteamiento de problemas.

Así pues, en la fase cuestionadora la técnica de la lectura comprende:

- La división del texto, distinguiendo partes principales y partes secundarias con muchas subdivisiones.
- La explicación de la letra articulada en dos partes: la *sententia* que extrae en algunas líneas la substancia doctrinal del texto y la *expositio litterae* que busca el sentido palabra a palabra.
- El examen de cuestiones de significación general (*quaestiones, dubitationes*) que integran un conjunto de discusiones antiguas o contemporáneas sobre las dificultades del texto y los problemas de doctrina.
- En la Biblia solo se divide el texto y se expone el sentido haciendo la exégesis generalmente alegórica. En las *Sentencias* se divide, se expone y se plantean *quaestiones*. Finalmente se va directamente a las *quaestiones* y en el XIV se abandona el orden de Lombardo y sus problemas, y este método también se emplea en la lectura de los libros de Aristóteles.

En relación con la técnica del comentario, el método pedagógico y género literario de la *quaestio* es la aportación más original de la Edad Media latina. La primera obra que utiliza esta técnica es *Sentencias* de Pedro Lombardo, probablemente redactada hacia 1155-1157. Se trata de una compilación de textos patrísticos, sobre todo de Agustín, en cuatro libros, en los que plantea una crisis de las autoridades antes de resolver las diferencias aparentes, dando una respuesta al problema discutido. La exposición es en general conducida *per modum quaestionis*, en un trabajo 'personal', dicho esto con todas las limitaciones propias de una época con un fuerte sentido de la autoridad.

Esta fórmula de argumentación también tiene contenido doctrinal, como lo prueba el hecho de que el concilio de Letrán de 1215 considerara esta obra canónica frente a otros intentos que se aproximan más a las exposiciones de los Padres griegos. Las *Sentencias* de Pedro de Poitiers o las *Sumas* de Simón de Tournai y de Alain de Lille desarrollan el aspecto de la discusión formal, apoyándose en la práctica pedagógica y literaria de las *instantiae* (objeciones o contraejemplos), sacadas de la tradición de la lógica boeciana, independiente de toda aportación de la *logica nova*.

A partir de 1165, las *Sentencias* de Pedro Lombardo serán glosadas y luego sometidas, a su vez, al procedimiento de la *quaestio*, y ya a partir del siglo XIV se elaboran nuevas cuestiones planteadas sobre las cuestiones de Pedro Lombardo, de modo que el contacto con el texto original comentado va perdiéndose y la cuestión misma se autonomiza, constituyendo uno de los momentos más ricos y renovadores del pensamiento medieval.

Entre 1250 y 1300, en las facultades de teología, se establece el modelo de la unificación de la *lectio*, el comentario y la *quaestio*, que queda fijado el la *Suma teológica* de Tomás de Aquino según un esquema que se repite a lo largo de toda la obra, y que contiene 512 cuestiones, 2.669 artículos, y cerca de 10.000 objeciones y respuestas. En el XIV se polemiza contra autores contemporáneos porque la técnica de la copia permite disponer de los textos y pierden sentido las autoridades. Los *articuli* reúnen *quaestiones* que a su vez son reunidos formando una *quaestio*. Lombardo divide en libros y capítulos. Alejandro de Hales divide cada libro en *distinctiones* y, a su vez, en *quaestiones*. Ockham sigue el mismo procedimiento.

La estructura clásica de la cuestión teológica se establece en la *Summa theologiae* de Tomás de Aquino:

- *Quaeritur*: se pregunta (p. ej.: Si Dios existe)
- *Videtur quod*: argumentos de autoridades contrarios a la tesis que el autor defenderá (objeciones, 'parece que no').
- *Sed contra*: argumentos de autoridades que se oponen al *videtur quod* ('por contra'). Las autoridades citadas, tanto en el *videtur quod*, como en el *sed contra*, son Aristóteles, Biblia, árabes, judíos, Agustín, Pesudo-Dionisio, Boecio, Padres de la Iglesia. A veces Anselmo y Hugo de San Víctor. Tomás indica qué tipo de operación expositiva realiza Aristóteles. Las expresiones más usadas (y las más importantes) para designar estas operaciones son: - *concludit* - *definit* - *determinat* - *dicit* - *dividet* (*subdividit*) - *enuntiat* - *epilogat* - *excludit* - *exponit* - *improbat* - *inducit* - *infert* - *manifestat* - *ostendit* - *ponit* - *probat* - *respondet* - *resumit*.
- *Respondeo dicendum quod*: solución al problema del autor ('hay que responder que').
- *Ad primum, ad secundum, responsio ad obiecta, solvere obiectiones*: respuestas a las objeciones planteadas en el *videtur quod*.

En el siglo XIV tienen lugar cambios significativos en la técnica del comentario cuestionador. Las cuestiones se hacen más extensas. La solución del autor (*respondeo dicendum*) ocupa casi todo el espacio. Ahora se presentan las posiciones de autores contemporáneos. Se mezclan las respuestas de cada autor o argumentos. El autor presenta *dubia* o *instantia* contra su propia posición que se va modificando a lo largo del texto.

Quaestio en Escoto: argumentos opuestos; argumentos a favor; opinión de los contemporáneos; argumentos contra las opiniones anteriores; posición de Escoto; argumentos contra los argumentos opuestos al principio; argumentos contra los argumentos que fueron dados a favor de la opinión.

Quaestio en Ockham: argumento opuesto; breve argumento a favor; opiniones de contemporáneos; argumentos a favor de esas opiniones; argumentos en contra de las opiniones; posición de Ockham; argumentos contra los argumentos a favor de esas opiniones; sentencia replicando al argumento opuesto del principio.

La disputatio y sus clases

La técnica de la *quaestio* culmina en la *disputatio* universitaria ordinaria, que es, a la vez, un ejercicio de aprendizaje y un método de enseñanza caracterizado por una estructura formal (alternancia de objeciones, de exposiciones y refutaciones) y por la multiplicidad de intervinientes (bachilleres y maestros). En la disputa se trata de resolver una cuestión mediante el intercambio de objeciones y respuestas, que requieren una solución final o *determinatio*.

El texto de las disputas es a menudo 'reportado' por un bachiller; esta *reportatio* corresponde a las notas tomadas, cuya fiabilidad es muy variable. En algunos casos este texto es revisado por el maestro mismo, que lo redacta (*redactio, ordinatio*) antes de darlo a copiar a un *stationarius*, o editor, que asegurará su multiplicación por el sistema de las *peciae*, o copias por cuadernillos, lo que permite una ampliación del material escrito con el que se trabaja en las universidades. La distinción entre reportación y redacción no concierne solo a las disputas, sino que se extiende a todo acto escolar, ya se trate de lecciones o sermones, que son las actividades básicas que debe realizar el maestro. De hecho, muchos comentarios sobre las *Sentencias* editados en nuestros días son simples reportaciones, que no llegaron a ser revisadas por sus autores.

El esquema general de un debate, según Juan de Santo Tomás, es el siguiente: participan el *opponens* (*arguens*), que propone un silogismo o un entimema; el *respondens* (*defendens*) repite el argumento propuesto, evalúa las proposiciones y responde: si una proposición es verdadera, *concedo*, si es falsa, *nego*, y si es dudosa o equívoca, *distinguo*. La consecuencia (*consequentia, illatio*) puede ser correcta (*bona*) o incorrecta (*mala*). El director del debate (*patronus*) debe vigilar la corrección de los argumentos aducidos y, al final, hacer un breve juicio del debate (*determinatio*).

Las disputas se dividen en dos clases principales:

a) *Quaestiones disputatae ordinarie*. El maestro escoge una tesis, en la primera sesión los estudiantes se dividen en: *opponens* o *quaerens* (contra la tesis) y un *respondens*. En la primera sesión los propios estudiantes eran protagonistas del debate, y en la segunda el *magister* resumía el debate y exponía su propia *determinatio*.

b) *Quaestiones disputatae de quodlibet*. Además de las disputas ordinarias o cuestiones disputadas, la universidad medieval es igualmente el teatro de cuestiones extraordinarias o cuestiones cuodlibetales, que se encuentran entre las obligaciones estatutarias del maestro, aunque se distinguen de las ordinarias por su menor frecuencia, pues, mientras que estas deben tener lugar una vez en la semana laborable, la cuestión cuodlibetal no tiene más que dos sesiones anuales, en Adviento y Cuaresma.

Más peligrosa que la disputa ordinaria por la relativa ruptura del protocolo escolar, esta disputa extraordinaria es un asunto de prestigio para el maestro que se enfrenta a ella. El maestro no puede elegir los problemas, que son determinados por los asistentes al principio de la sesión, *a quolibet* (por cualquier asistente) y *de quolibet* (sobre cualquier tema).

c) Una tercera clase de disputa, denominada *obligatio*, irá adquiriendo más importancia durante del siglo XIV. De ella trataremos en el siguiente capítulo.

4. El método de las distinciones

El método relativo al contenido doctrinal más utilizado en la Edad Media es el de las distinciones, que se puede incluir tanto en la teoría del conocimiento como en la lógica. Las distinciones se utilizan en todas las fases de la enseñanza:

- la *lectura*: distinciones de palabras y de su sentido en el texto;
- el *comentario cuestionador*: permite encontrar argumentos propios del autor distintos de las objeciones (*videtur quod*) y de los argumentos contrarios a las objeciones (*sed contra*);
- el *debate*: pues en la *disputatio*, en tanto que continuación dialéctica de la *quaestio*, permite ampliar las respuestas básicas a los argumentos del rival: acepto (*concedo*), rechazo (*nego*), con una tercera posibilidad: *distinguo* (distingo), que analiza los argumentos, superando su aceptación o rechazo en bloque.

El origen de la teoría de las distinciones se encuentra en los planos de investigación de Aristóteles, que continuamente estudia los problemas desde diferentes perspectivas o áreas de inteligibilidad. Por ejemplo: desde las opiniones de todos, de los sabios, o de los más sabios.

En la Edad Media las distinciones fundan un método lógico, pero también ontológico, pues afectan a la realidad tal como se adecua a su conocimiento (doctrina de la verdad como *adaequatio*). La distinción medieval es un concepto trascendental por lo que no tiene definición, sino descripción: *carentia identitatis inter plura, vel non eadem plurium entitas*, o *negatio identitatis, vel negabilitas unius de alio in recto* (es decir en lo que es), *vel capacitas verificandi propositionem negativam unius de alio* (*in obliquo*, hablando no de lo que es sino de la proposición que lo enuncia: *'hoc non est illud'*).

Del concepto trascendental de la unidad, se derivan:

- identidad (substancias) – su opuesta es la *distinción*;
- igualdad (cantidades);
- semejanza (cualidades).

La teoría de las distinciones ha evolucionado en la escolástica, por lo que podemos hablar de cuatro escuelas: tomista, escotista (*reales*), ockhamista (*nominales*) y suareciana (síntesis de las anteriores). Seguimos simplificadamente el esquema de Mauricio Beuchot (1994).

a) Escuela tomista
La distinción es la no identidad de varios entes. Hay dos tipos de distinciones:

1. Distinción real
Es independientemente de la razón.

- Según la forma, la distinción real es formal o específica: se da por la diferencia en un género al que divide en especies.
- Según la materia o la cantidad, la distinción real es numérica: derivada de la formal-específica: entre individuos dentro de una especie, por la *materia signata quantitatis*.

La distinción real se divide en:

a. Mayor (fuerte): *entitativa, realis simpliciter, realis-realis*. Se da de cosa a cosa (*res a re*): un hombre y otro hombre, un hombre y su ropa. En seres compuestos se da también 'como de cosa a cosa' (*ut res a re*), aunque por intervención divina: Dios y el mundo; cuerpo y alma; substancias y accidentes (hombre y su blancura).
b. Menor o modal (débil, *secundum quid*):
   - entre la cosa y sus modificaciones o modos (que no se pueden dar separados de la cosa): en la línea curva la distinción entre la curvatura y la línea;

- entre dos modos: la curvatura y la longitud de la línea.
c. Virtual (más débil, muy cercana a la de razón): distinciones en Dios.

A su vez, las distinciones *realis simpliciter* y modal se dividen todas ellas en:

- adecuada: una cosa no es parte de otra (un hombre y otro hombre, materia y forma);
- inadecuada: una cosa es parte de otra (cabeza-cuerpo);
- física: entre cosas o partes separadas o separables como una cosa y otra cosa;
- metafísica: entre principios o realidades objetivas de una cosa: esencia-existencia;
- positiva: entre cosas reales (dos cuerpos);
- negativa: entre cosas reales y no reales o solo no reales que pertenecen al orden real: vacío-nada.

2. *Distinción de razón*
Se da por intervención de la inteligencia; o entre las cosas en cuanto son conocidas por un concepto inadecuado y precisivo (o abstractivo). Se divide en:

- *Rationis ratiocinantis.* Puramente intelectual (*sine fundamento in re*): una misma cosa se expresa con varias nociones que expresan una sola definición (hombre-animal racional; entre los sinónimos: blanco-albo).
- *Rationis ratiocinata* (*cum fundamento in re*), o virtual. Una misma cosa se expresa con varias nociones que tienen diversas definiciones (lo que indica que hay un fundamento en la realidad para la distinción): el alma y sus facultades (visión-intelecto); animal-racional. A su vez se divide en:
  - Completa (mayor, perfecta; estrictamente precisiva; virtual-objetiva). Una noción no incluye a la otra y se pueden dar separadas: en el hombre: alma vegetativa, sensitiva, racional, que se pueden dar en entes distintos.
  - Incompleta (menor, imperfecta, ampliamente precisiva, virtual, formal). Una noción incluye a la otra y no se pueden dar separadas: Dios-sus atributos (voluntad, conocimiento).

b) *Escuela escotista*
Duns Escoto admite las distinciones real y de razón, pero introduce un nueva distinción intermedia entre las dos: la distinción *formalis ex natura rei*.

a) *La distinción real*, como en Tomás, es la que no depende del intelecto. Se divide en: mayor (*simpliciter*) y menor (*secundum quid*). La distinción *simpliciter* tiene cuatro condiciones:

- Se da solo entre cosas que están en acto, y no solo en potencia en la materia.
- Se da entre cosas que tienen un ser formal, no solo virtual (los efectos no se distinguen de la causa porque están en ella virtualmente, no formalmente).
- Se da en aquellas cosas que no tienen un ser confuso (como los extremos en el medio o los mezclables en la mezcla), sino un ser distinto.
- Es la única que cumple la condición de que es lo mismo lo no-identidad y la distinción.

La distinción *secundum quid*. Cumple las tres primeras condiciones de la *simpliciter*: no darse potencialmente, ni virtualmente, ni confusamente. Pero falta la diversidad. Se distingue una realidad de otra realidad, que unidas dan origen a una tercera realidad: Dios es la unidad real de realidades distintas, su intelecto-su voluntad. Están en Dios *simpliciter* (no potencialmente, ni virtualmente, ni confusamente). Pero para ser distinción *simpliciter* le falta la no-identidad (Dios es unidad idéntica, aunque intelecto y voluntad sean distintas).

b) *La distinción formal* basada en la naturaleza de la cosa (*distinctio formalis ex natura rei*): es real porque se da entre formalidades reales de una cosa, por ej. el alma y sus facultades, que son dos realidades de un ente (no nociones de un ente). Es el caso del ente y sus propiedades trascendentales: lo uno, lo verdadero, lo bueno, son realidades contenidas en el ente, cada uno de los trascendentales es un realidad (*res*) idéntica al ente (*ens*). El trascendental no es un simple nombre del ente, ni una simple noción no-idéntica del ente, sino una noción idéntica al ente, que se refiere a una realidad formal distinta de la realidad formal del ente y de otros trascendentales. La metafísica es ciencia porque trata de realidades (formales) y no se pierde en la diversidad equívoca de los nombres y las nociones de las realidades.

La distinción formal es una distinción real *secundum quid*: su modo de distinción es como de realidad a realidad (formal), no como de cosa a cosa. Las realidades formales están contenidas en la unidad de una cosa: el ente contiene unitivamente la realidad formal de lo uno, lo verdadero y lo bueno; el alma contiene unitivamente la realidad formal de sus potencias o facultades.

Las realidades formales son distintas y no se unen realmente:

- porque no son partes que se dan realmente la una sin la otra (sino solo virtualmente);
- porque no son unas potencias (las facultades) y la otra su acto (el alma);
- son formalidades distintas actualmente, pues no son porque la razón las considere como partes de un ente;
- como son formalidades distintas pueden unirse y ser más perfectas, *como si* estuvieran en potencia y al unirse estuvieran en acto.

Las formalidades pueden unirse por identidad de dos modos:
- En Dios, por su modo intrínseco de infinitud, cada identidad incluye a la otra.
- En la criatura, dos formalidades se ordenan en una cosa que las incluye unitivamente.

La composición de dos formalidades (consideradas como partes) la realiza el intelecto (y por ello no es composición real). Aunque la composición la realice el intelecto, a cada noción formal le corresponde una cierta entidad (*omni entitati formali correspondet adaequate aliquod ens*), y por ello, la distinción formal aunque no es real *simpliciter* es real *secundum quid*. A una forma que tiene realidad objetiva en la mente (*in esse objectivo*) le corresponde una realidad formal (formalidad), que es una cuasi-realidad, en la cosa (*ex natura rei*).

Las formalidades tienen una definición diversa unas de otras, pero en la cosa es posible que no puedan separarse. Para darle realidad a las formalidades, Escoto pasa a considerar que las potencias son en acto, y también pueden pensarse como distintas *ex natura rei*, es decir, como materias-potencias distintas formalmente en la cosa misma.

c) Escuela nominalista-ockhamista

Guillermo de Ockham simplifica la teoría de las distinciones (navaja de Ockham): distinción real, mayor, física y distinción de razón o lógica. (*In I Sententiarum*, d. 2, q. 3, B):

Nada se distingue de otro sino como un ente real de otro ente real (*sicut ens reale ab ente reali*), y toda esa distinción es una distinción real [...]; o se distingue como un ente de razón de otro ente de razón, y toda esa distinción es una distinción de razón [...]; o se distingue como un ente real de un ente de razón, o, a la inversa, y esa distinción estricta y propiamente no es real ni de razón (*nec est realis nec rationis*).

d) Escuela suareciana

Aunque cronológicamente no es medieval, la escuela suareciana sintetiza las diferentes doctrinas escolásticas sobre la distinción.

a. *Distinción real*: distinción entre cosa y cosa (las cosas son substancias, pero también accidentes, como la cantidad). Puede ser: positiva (distinción entre dos cosas realmente distintas); negativa (entre ente y no-ente o entre entes no absolutamente distintos). Como Dios por su poder absoluto puede separar las cosas, la distinción real se da en la mente de Dios.

b. *Distinción de razón*. Puede ser: de razón razonada (*cum fundamento in re*); de razón razonante (*sine fundamento in re*)

c. *Distinción modal 'ex natura rei'*: se da entre una cosa y un modo suyo. Es distinción real pero no mayor, aunque está basada en la naturaleza de la cosa.

Los modos reales no son cosas ni substancias, son *entia entis* (aspectos del ente): substancia+cantidad= modo (entidad débil, *ens deminitum*). El modo es más efecto, flujo (un movimiento de la substancia que causa la misma substancia). Da origen a una metafísica de los adverbios más que de los nombres.

La distinción modal se da entre los modos y las substancias en las que inhiere y entre un modo y otro modo. La separabilidad no es recíproca: la substancia puede existir sin el modo, pero el modo no puede existir sin la substancia (distinción real). Es también separación de razón cuando substancias y modos se pueden concebir separados. Por eso se parece mucho a la distinción *ex natura rei*.

5. Tratados y manuales de la *logica nova*

En la Alta Edad Media las artes liberales se enseñaban no solo en las escuelas monacales, sino también en la palatina carolingia e incluso en las catedralicias. La *Dialectica* se consideraba la culminación del *Trivium* hasta llegar a constituirse en disciplina autónoma. El primer texto de lógica ampliamente utilizado en la Edad Media es el *Isagoge* de Porfirio; hacia el siglo IX ya se conoce a través de Boecio y Mario Vitorino el *De interpretatione*, y en el X también *Categorías*. El siguiente libro del *Organon* que es utilizado a principios del XII es *Elencos sofísticos*. La dualidad platónico-aristotélica que traslucen los comentarios de Boecio ocasiona en los comentaristas posteriores cierta oscuridad y multiplicidad de interpretaciones.

A partir del siglo x comienza a utilizarse la *Dialectica* en la explicación de cuestiones teológicas, sobre todo de la transubstanciación y la Trinidad. En el momento en que nacen las universidades, en las primeras décadas del siglo XIII, el corpus de obras lógicas de Aristóteles está al completo a disposición de los sabios latinos, pues a *Categorías* y *De interpretatione* (*logica vetus*) se han unido *Elencos sofísticos, Tópicos, Analíticos primeros y Analíticos segundos* (*logica nova*). El uso que se hace de estas obras es muy desigual: se dedica mucha atención antes a *Elencos sofísticos* que a *Tópicos*, pese a que aquel tratado es un capítulo disgregado de este; se comienza estudiando más las formas desviadas de argumentación (sofismas) que el razonamiento silogístico canónico de los *Analíticos*.

La *logica vetus* había producido comentarios y síntesis relativas a tres obras: *Categorías, Peri hermeneias, Isagoge*. Los tratados más importantes de este periodo son manuales de *Dialectica*, entendida como un arte del *trivium*: *De nuptiis Philologiae et Mercurii* de Martianus Capella; *Institutiones saecularium lectionum* de Casiodoro; *Etymologiae* de Isodoro de Sevilla; *Didascalicon* de Hugo de San Victor; *Eptateucon* de Thierry de Chartres; el tardío *Dialectica* de Pedro Abelardo.

La *logica nova* se inaugura con dos manuales de Pedro Abelardo, que aún no hacen uso de *Tópicos* y los *Analíticos*: *Logica ingredientibus* y *Lógica nostrorum petitioni sociorum*; mientras que *Metalogicon* de Juan de Salisbury ya comprende la *logica nova* al completo. El *Tractatus* de Pedro Hispano, que tardíamente será conocido como *Summulae logicales*, cuando se imponga ese nombre para los manuales de lógica, ya comprende la lógica del *Organon* y los nuevos temas específicamente medievales.

La ordenación temática en los tratados de lógica

Como sabemos, el desarrollo de la lógica medieval, al menos en el mundo latino, no sigue una ordenación temática, sino cronológica, al hilo de la disponibilidad y uso de los tratados del *Organon*. Sin embargo, la transformación que se produce en la cultura universitaria, al hacerse necesarios nuevos manuales para la enseñanza, llevará a la aparición del *Tractatus* o *Summulae logicales* de Pedro Hispano, que establece un orden temático que será seguido comúnmente, pudiéndose decir que, a partir de ese momento, los tratados de lógica ya no tienen la forma de un comentario directo a las obras del *Organon* de Aristóteles, sino que serán comentarios de las *Summulae*, y solo mediatamente se remitirán a las obras originales del Estagirita.

Contra la ordenación axiomática característica de la lógica contemporánea, que se construye como un cálculo, el orden temático propio de la lógica aristotélica va de del todo a las partes: silogismo (todo)-proposiciones (partes del silogismo)-términos (partes de la proposición). Se aprecia el contraste entre el orden platónico, que evoluciona de la simplicidad (univocidad de las ideas) a la complejidad (dialéctica), y el orden aristotélico, que va de la complejidad a la simplicidad, es decir: del mundo a la lógica. Sin embargo, las reconstrucciones temáticas del *Organon* son analíticas y van de las partes al todo, según las operaciones de la mente (*secunda intentio*):

- simple aprehensión: conceptos-términos;
- predicación: juicios-proposiciones;
- razonamiento: inferencia (deducción, inducción)-silogismos, consecuencias.

El orden de los tratados aristotélicos daba lugar a los correspondientes tratados de los lógicos medievales:

- *Categorías* con *Isagoge* (términos): *De Praedicamentis, De praedicabilibus, De sex princiipis* de Gilberto Porreta.
- *Peri hermeneias* (proposición): traducido como *De Interpretatione*.
- *Analíticos primeros* (silogismo): traducido como *Analytica priora*.
- *Tópicos* (razonamiento): *De Obligationibus* (*De arte disputativa*), *De Consequentis*.
- *Elencos sofísticos* (consecuencias desviadas): *De fallaciis*.
- *Analíticos segundos* (demostración científica): no se incluía en los tratados sumulistas.
- *Retórica* y *Poética*: obras vinculadas a las artes sermocinales del *trivium*.

Por otro lado, aparecen manuales en los que se comienza por *Peri hermeneias*, siguiendo con *Categorías-Isagoge*: *Introductiones in logicam* de Guillermo de Shyreswood (m. 1249) y *Dialectica* de Guillermo de Auxerre (1250).

El gran manual de lógica de la Edad Media es el *Tractatus* o *Summulae logicales* de Pedro Hispano, que llegará a sustituir al propio *Organon* como objeto de los comentarios posteriores, y que consagrará la consideración de que el estudio de la lógica debe iniciarse en el *De interpretatione*.

De cualquier modo persistirá la discusión entre las dos tradiciones sobre el comienzo del estudio de la lógica: *Categorías* / *De interpretatione*, que Tomás de Aquino, por ejemplo, con su espíritu sintético, tratará de solucionar, considerando el *De interpretatione* un texto introductorio a la lógica en general, lo que no es obstáculo para que retome el orden tripartito de las operaciones de la mente: simple aprehensión (*Categorías, Isagoge*)-juicio (*De interpretatione*)-razonamiento discursivo (*Analíticos primeros y segundos, Tópicos, Refutaciones sofísticas*).

Las Sumas son el ejemplo más característico de la literatura escolar del siglo XIII, siendo una exposición ordenada y completa de una materia o doctrina, mientras que, en principio, las *Summulae* son tratados en forma de compendio más breves.

6. La corriente de los *terministi*: los términos y sus propiedades

Como hemos dicho, a partir de la publicación del manual de Pedro Hispano, la mayor parte de los tratados medievales siguen siendo comentarios del *Organon* de Aristóteles, pero mediados a través de las *Summulae logicales*. Esta obra se divide en dos partes bien diferenciadas, que son (siguiendo los manuscritos utilizados por Muñoz Delgado):

a. En la primera parte se tratan temas de la lógica aristotélica que se corresponden con los tratados del *Organon*: *De enuntiatione – Peri hermeneias*; *De quinque vocibus seu de universalibus – Isagoge*; *De praedicamentis – Categorías*; *De syllogismis simpliciter – Analíticos Primeros*; *De locis dialecticis – Tópicos*; *De fallaciis – Elencos sofísticos*.

b. La segunda parte: *De terminorum proprietatibus* (Sobre las propiedades de los términos) no se corresponde con ninguna obra tradicional, y se conocerá como *Parva logicalia* que, a su vez, se subdivide en siete capítulos (*Parvolorum logicalium*): 1. *De suppositione,* 2. *De relativis,* 3. *De ampliatione,* 4. *De appellatione,* 5. *De restrictione,* 6. *De distributione, negatione et usu,* 7. *De exponibilibus, de incipit et desinit.* No se comentan los *Analíticos segundos*, que se considera un tratado sobre el método científico, ajeno a la lógica, o introductorio.

En todo caso, la segunda parte de las *Summulae* de Pedro Hispano que se ocupa de las propiedades de los términos (*Parva logicalia*) irá adquiriendo tal dimensión, que llegará a convertirse en el núcleo de la enseñanza y de los tratados posteriores de lógica, de modo que los lógicos que seguían esta orientación acabarán por adoptar el nombre de '*terministi*'.

Según el orden temático, la lógica debería estudiar primero las partes más simples para acabar en las más complejas: términos – proposiciones – argumentaciones – debates. Pero Aristóteles le había dado un sentido contrario a su investigación: el estudio de la lógica debe comenzar con la práctica común de la discusión y el debate, y después se deben estudiar sus componentes: los argumentos utilizados, las proposiciones que componen los argumentos, los términos que componen las proposiciones. Al comenzar con el estudio de los términos y sus propiedades, los *terministi* le dan un sentido a la lógica enteramente específico del periodo medieval.

La lógica terminista se inició en el periodo 1175-1250 como un suplemento de la lógica aristotélica, al referirse al papel de los términos categoremáticos y sincategoremáticos en la proposición. Los *terministi* se centran en las propiedades de los términos: suposición, apelación, ampliación, restricción, sistematizando el estudio de la lógica, como se ve en la *Suma de lógica* de Ockham que trata sucesivamente de los términos, proposiciones, silogismos, consecuencias y falacias. Sus seguidores, los nominalistas, creían que el lenguaje es una imposición humana, de manera que hay que entender la intención de quien lo usa, tanto como la naturaleza del lenguaje o de la realidad.

El desarrollo del terminismo está vinculado a los *Parva logicalia*, y, ante todo, al tema de la *suppositio*, que se refiere a la designación de una cosa por un signo escrito u oral, y que adquiere gran importancia por su relación con la cuestión de los universales. El motivo fundamental de la controversia era la aplicación de la lógica terminista en las cuestiones filosóficas de artes y en teología.

El objeto de estudio de la lógica terminista es el término, pero formalmente se sigue la exposición aristotélica del *Peri hermeneias*, donde el todo de la discusión (*disputatio*) se analiza en sus componentes, del todo a la parte: el discurso (*sermo*), la voz (*vox*) y el sonido (*sonus*).

Se comienza con el componente más simple: el sonido. En *Peri hermeneias* 1, Aristóteles dice que los sonidos hablados son signos de las pasiones del alma, las marcas escritas son signos de sonidos hablados, y las pasiones del alma son semejanzas de las cosas. Aristóteles define el término como: voz significativa por convención a partir de la cual se configura la proposición u oración simple (*vox significativa ad placitum, ei qua simplex conficitur propositio vel oratio*).

Boecio traduce 'pasión del alma' como *intellectus*. De modo que hay relación entre *vox-intellectus-res*. La *vox* significa el *intellectus*, y el *intellectus* es *similitudo* de la *res*. Hasta finales del xiii la significación es primariamente la relación entre la *vox* y el *intellectus* (o *species*) y secundariamente entre *vox* y *res*. En el xiv, para Ockham la *species* es un signo cuyo significado es la *res*. La relación es: *species-res-vox*.

En Juan Buridan (*Tratado de las consecuencias*) encontramos la siguiente división: *sonus* (sonido); *vox* (sonido emitido por un animal); *vox significativa* (*homo*); *vox significativa ad placitum* (por convención); *incomplexa* (*dictio*); *complexa* (*oratio*); *mentalis* (*conceptus*); *vocalis scripta* (*scriptura*).

Los términos se dividen según diversos criterios, primeramente en mental, oral y escrito. El término mental también se llama simple aprehensión o noticia. Los términos son los elementos últimos en que se resuelve el análisis lógico, pudiéndose comparar con la materia en la generación natural. El término en la proposición es un extremo (sujeto o predicado).

Al final de la Edad Media, Paulus Venetus, en su *Logica parva*, presenta las siguientes distinciones:

- Término: 'un término es un signo que constituye una oración como parte próxima'.
- Nombre: 'un nombre es un término que significa sin tiempo. Ninguna parte de un nombre significa por separado: por ejemplo, 'hombre''.
- Verbo: 'un verbo es un término que significa temporalmente y es unitivo de extremos'.

Una esquematización simple, siguiendo el orden sistemático de Juan de santo Tomás, es la siguiente:

- Sonido (*sonus*): lo que se percibe propiamente por el oído, entendiendo por 'propiamente' que lo que se oye es el sonido y no lo que produce el sonido, como una campana.
- Voz (*vox*): especifica al sonido, pues es el sonido producido por un animal con sus instrumentos naturales, como un mugido.
- Voz significativa (*vox significativa*): la voz propiamente humana se divide en no-significativa y significativa. Voces como 'buba', 'blitiri' o 'scindapsus' son humanas, pero no significan nada. Pero la lógica se interesa por las voces que significan algo, como 'hombre'.
- Voz significativa convencional (*vox significatica ad placitum*): la voz dotada de significado para un hombre puede ser natural, como el gemido de un enfermo, pero a la lógica le interesa la convencional, que es impuesta (*impositio*) por la voluntad humana (*ad placitum*), como 'hombre'.
- Voz simple (*incomplexa*) o compleja (*complexa*): tanto la voz significativa simple (como un nombre o un verbo), como la compleja (oración), son de interés para lógica.
- Nombre es la voz significativa por convención, sin tiempo, ninguna de cuyas partes significa separada, y que es finita y recta.

- Verbo es la voz significativa por convención, con tiempo, ninguna de cuyas partes significa separada, y que es finita y recta. El concepto de *consignificatio* sirve para distinguir entre nombre y verbo. El nombre significa las cosas y el verbo cosignifica el tiempo.

Clases y propiedades de los términos

El estudio de los términos en la lógica medieval sufrió variaciones históricas. Alrededor del XII la lógica domina sobre la gramática, y depende de la metafísica, de modo que la lógica es semántica. Los gramáticos fueron los primeros que se interesaron por el lenguaje, y las palabras se estudiaban en su contexto lingüístico: lógico-semántico y sintáctico. De este modo el significado está vinculado a la *propositio* y no a la palabra aislada, y, por los tanto, se consideran los términos en tanto que partes de la *propositio*. Es de estos términos-partes de los que se estudian las propiedades, y fundamentalmente la *suppositio*.

La distinción de las clases de términos está relacionada con la cuestión de la *significatio*, vinculada con la *essentia* y la *forma*. Los términos pueden tener significación por sí mismos (*termini significativi* o significantes), que son los *termini categorematici* o *categoremata*. Otros términos son significativos si están unidos a los categoremáticos (*termini syncategorematici* o *syncategoremata*). Los términos sincategoremáticos son las constantes (reglas sintácticas), y adquieren significación al unirse con los términos categoremáticos (variables). 'Sincategoremático' procede del griego σύν, syn, preposición que significa 'con', y κατηγορέω, kategoreo, afirmar: que se predica junto con otro. Los principales sincategoremáticos son: *tantum, solus, praeter, omnis, si, nisi, ne, nullus, nihil, impossibile, necessarium, possibile, incipit, desinit*.

La significación de un nombre depende de una *impositio*, que puede ser natural o convencional. Si hay una sola imposición, esto es, si es usado con una sola significación (su naturaleza universal), el nombre es unívoco, si varias, es equívoco. Una sola suposición unívoca puede utilizarse en diferentes proposiciones y entonces de una sola significación resultan diferentes *nominationes* o *apellationes*. Por ejemplo, un nombre como 'hombre' puede ser utilizado en una suposición apelativa por una naturaleza universal: 'hombre es una especie' o por sí mismo. 'hombre es un nombre'. La apelación de un nombre se vincula a su uso con un verbo en el tiempo verbal presente. Pero la apelación puede ampliarse o restringirse (*ampliatio, restrictio*) por el uso de tiempos pasados o futuros o por el uso de '*potest*', que designa individuales posibles.

Dada la primacía de la gramática en el siglo XII, *suppositio* se entiende como sujeto gramatical en una proposición, que significa universalmente, mientras que su principal propiedad es la *apellatio* que indica a qué cosas se refiere. El nombre apelativo significa naturalezas singulares o universales existentes, pero también puede no ser significativo, como en 'hombre es una especie' o 'hombre es un nombre'. Entonces la *apellatio* se refiere a todos los usos posibles en que un nombre es usado como sujeto (*subiecto* o *suppositio*) en una proposición (*id de quo sermo fit*).

Más tarde, las propiedades de los términos: *apellatio, ampliatio, restrictio,* son subordinadas a la noción de *suppositio*. El nombre apelativo es sustituido por el término (*terminus*), y por ello comienzan a estudiarse las propiedades de los términos. Mientras que la apelación se vinculaba a la denotación particular de un nombre, siendo secundaria su *significatio* universal, la *significatio* universal se vincula con la *confusio*. Así, el término 'hombre' apela a cosas particulares, mientras que la significación universal de 'hombre' se refiere a cosas no-existentes (*nullam recipiunt relationem pertinentem ad essentiam*). En el tratamiento de este problema, Pedro Hispano establece que hay *suppositio naturalis* cuando un término supone por los individuos que participan de su naturaleza común existente, no-existente, pasada, presente, futura o posible: 'homo', mientras que la *suppositio accidentalis* determina a qué individuos se refiere por alguna palabra adyacente: 'homo fuit'.

Al margen de su variación histórica, en una consideración más sistemática, a parte de la suposición, de la que nos ocuparemos después, podemos definir las clases y propiedades de los términos del siguiente modo:

a) *Alienación* o remoción. Paso de una suposición propia a una impropia, por la cual la cual su valor de suposición propia se transfiere a un valor de suposición impropia o metafórica; se divide en:
- por parte del sujeto: 'Platón (la obra platónica) debe leerse en griego';
- por parte del predicado: 'es un asno (por su poca inteligencia)'; 'Pedro es un león (por su fiereza)'.

b) *Apelación*: La apelación es la referencia del término común a una cosa existente. No hay apelación de cosas no existentes, como: 'Cesar', 'Anticristo', 'quimera'. La suposición y la significación, en cambio, son acepciones tanto de la cosa existente como de la no existente: , 'Anticristo' significa el Anticristo y supone por el Anticristo, pero no apela a nada; en cambio, 'hombre' significa el hombre, y supone tanto por los existentes como por los no existentes, pero apela solo a los hombres existentes.

Para los gramáticos equivale a nombrar. Para los dialécticos el significado formal de un término se aplica al significado formal de otro: de 'Pedro es grande' a 'Pedro es un lógico grande' (grande no se apela de Pedro sino solo en la formalidad de lógico).

La *appellatio* también puede ser el cambio en la referencia (*acceptio*) de un nombre según el tiempo (pasado, presente, futuro) del verbo principal. La variación puede ser una ampliación o restricción. También se considera si los nombres adjetivales o accidentales pueden hacer variar la *appellatio*, o un nombre puede perder su significación, aunque no su apelación, cuando la cosa a la que se refiere deja de existir: existencia del nombre rosa, aun en el caso de que: '*nulla rosa est*'.

La apelación se divide en:

- de término común, como la de 'hombre';
- de término singular, como la de 'Sócrates', que significa, supone por y apela a lo mismo, porque significa la cosa existente, como 'Pedro' o 'Juan'.

Pedro Hispano explica estas distinciones a partir del ejemplo 'todo hombre es animal': 'Se dice que el término 'hombre' supone de manera confusa móvil y distributiva. En efecto, supone confusa y distributivamente, porque se toma por todo hombre; y móvilmente, porque es lícito hacer el descenso a cualquiera de sus supuestos, como 'todo hombre; luego Sócrates' o 'todo hombre; luego Platón'. En cambio, se dice que el término 'animal' se confunde inmóvilmente, porque no es lícito hacer el descenso bajo él, como 'todo hombre es animal; luego todo hombre es este animal'.

c) *Restricción*. El término común –pues el discreto, como 'Sócrates', no se restringe ni se amplía– se contrae de una suposición mayor a una menor:

- 'el hombre que es justo es sabio', 'hombre' supone solo por el que es justo;
- 'el hombre blanco corre', el adjetivo 'blanco' restringe a 'hombre' a suponer por los que sean blancos.

La restricción se divide en:

- por un nombre: 'hombre blanco', el término 'hombre' restringe solo a los blancos;
- por un verbo: 'el hombre corre', el término 'hombre' supone solo por los existentes presentes;
- por un participio: 'el hombre caminante discute', el término 'hombre' supone por los que caminan;
- por implicación: 'el hombre que es blanco corre', el término 'hombre' se restringe a los blancos por la implicación 'que es blanco'.

d) *Ampliación*. El término común se extiende de una suposición menor a una mayor:

- 'el hombre puede ser justo'; 'hombre' se amplía a todos los hombres posibles;
- 'el hombre puede ser el Anticristo', el término 'hombre' no supone solo por los que son, sino también por los que serán.

La ampliación se divide en:

- por un verbo: 'el hombre puede ser el Anticristo';
- por un nombre: 'que el hombre sea el Anticristo es posible';
- por un participio: 'el hombre es potente para ser el Anticristo';
- por un adverbio: 'el hombre necesariamente es animal', donde 'hombre', ampliado por 'necesario', se amplía del presente al futuro.

e) *Distribución.* Algunas de las propiedades de la suposición se pueden entender mejor desde la teoría de la distribución, que explica el modo en que un término puede ascender hacia los universales o descender hacia los particulares (implicar).

La distribución es la multiplicación del término común hecha por un signo universal: en 'todo hombre', el término 'hombre' se distribuye o se confunde por cualquier inferior suyo mediante el signo 'todo'; solo se distribuye el término común, pero no el singular, por lo que es incorrecto: 'todo Sócrates', 'todo Platón'.

Los signos universales son de dos tipos: los distributivos de la substancia ('todo', 'ninguno', etc.); los distributivos de los accidentes ('como se quiera', 'cuanto se quiera', etc.). Los signos distributivos de la substancia se dividen en:

- distributivos de las partes integrales: 'todo el ...'
- distributivos de las partes subjetivas: 'todo', 'ninguno', 'ambos'. Estos se dividen en:
  - distributivos de dos: 'ambos', 'ninguno de los dos', etc.;
  - distributivos de muchos: 'todo', 'ninguno', etc.

Los distributivos del signo 'todo' se toman de dos maneras: colectivamente ('todos los apóstoles son doce', y entonces no se sigue: 'luego estos son doce', señalando a algunos de ellos) y distributivamente ('todos los hombres por naturaleza desean saber', donde 'todo' no significa una cosa universal, sino que significa universalmente, y por ello se aplica a todos los singulares contenidos en él).

Hay signos (sincategoremas) que afectan a los términos haciéndolos significar universal o particularmente: suposiciones distributiva, determinada, solo confusa.

Signos de universalidad son: afirmativos (todo, cualquier, etc.); negativos (ningún, nadie, etc.); mixtos (contingentemente, solo).

Signos de particularidad son: algún, cierto, etc.; además, la partícula 'o' que separa los términos.

Distribución de signos afirmativos: sujeto (distribuido)-predicado (no distribuido). Y negativos: sujeto (no distribuido)-predicado (distribuido).

La fuerza de la distribución afirmativa recae sobre el término inmediato, pero el mediato es confuso: en 'todo hombre es animal', la fuerza de la distribución de 'todo' afecta al término inmediato, 'hombre', pero no al término mediato: 'animal', que sigue siendo confuso.

El signo 'solo' es un signo de confusión. Se puede exponer en una proposición en que el término afectado por 'solo' se sigue mediatamente de una universal: 'Solo el hombre es racional', se expone: 'Todo racional es hombre'; aquí 'hombre' no es inmediato a 'todo', sino mediato (mientras que era inmediato a 'solo', y por eso, aunque en 'solo' era sujeto (distribuido) en 'todo' es predicado (confuso).

Algunas consideraciones complementarias de la propiedad de la distribución son:

- La suposición confusa se da casi siempre en una universal afirmativa mediata. 'Solo el hombre es racional' se expone (*exponibilia*) como: 'todo racional es hombre', donde 'hombre' es mediato (predicado) en la universal distribuida. En la universal negativa su fuerza distribuye al inmediato (sujeto) y también al mediato (predicado): 'Ningún hombre es piedra'.
- Un universal (*omnis*) distribuye (desciende a) una conjunción de todos los términos o proposiciones singulares que están bajo el universal. Un particular (*aliqui*) distribuye a al menos un singular (disyunción inclusiva) que está bajo el particular.

7. La teoría de la *suppositio*

La noción técnica de suposición aparece cuando la función-sujeto se entiende como la asociación de una función referencial con una función sintáctica (el *officium supponendi*, definido como la capacidad referencial de un término sujeto en tanto que sujeto). Siendo la noción de función-sujeto fundamentalmente dependiente de la de significación, la definición morfo-sintáctica de la referencia deja sitio a una alternativa concerniente al estatuto semántico mismo de la referencia: o la suposición es en sí misma una función pre-proposicional que caracteriza a los términos sustantivos en tanto que tales, o una propiedad contextual de tipo intra-proposicional, dejando al margen todos los demás tipos de contextos lingüísticos.

La designación de la relación de referencia por el término técnico de *suppositio* resulta de la combinación de los elementos de la semántica porretana con la semántica de los *Nombres divinos* del Pseudo-Dionisio, desarrollada por los teólogos en sus teorías trinitarias. Esto se explica porque la teoría medieval de la referencia nace del encuentro entre el vocabulario lógico-gramatical de la *suppositio*, como el funcionar como sujeto de una frase o de una proposición, y el vocabulario teológico del *suppositum* y de la persona, que caracteriza al Dios Uno-Trino como esencia en tres supuestos (hipóstasis, *supposita*) o Personas (*personae*).

Esta problemática de los teólogos se vincula con el principio fundador de la semántica categorial de Boecio que regula el conjunto de las metáforas o transferencias teológicas, principio según el cual los predicamentos o categorías son aquello que los sujetos onto-lógicos les permiten ser.

En este contexto, la pregunta de los gramáticos versa sobre los modos de suponer (*modi supponendi*) del sujeto en ciertos enunciados trinitarios, distinguiéndose dos: el modo esencial o común y el modo personal o propio. Por ejemplo, en el XII, al analizar el enunciado del *Éxodo*: 'Yo soy el que soy', se plantea el problema de si Dios supone confusamente (*confuse*) o supone por el supuesto (*pro suppositio*), es decir, por la Persona del Hijo (*pro persona Filii, personaliter tantum*), o si la palabra 'Dios' supone con un estatuto intermedio entre lo esencial y lo personal.

Al pasar al XIII *supponere* va a designar la función sintáctica como sujeto y la referencia semántica de los términos, sustituyendo a la *appellatio* y la *nominatio* con los que se designaba la referencia de un término.

Lo que principalmente separa a los lógicos del XIII y del XIV es la división de las suposiciones o *modi supponendi*. Esta reposa sobre un procedimiento específico: el descenso (*descensus*), ligado, a su vez, con la noción técnica de consecuencia (*consequentia*). La combinación de estos dos útiles o lenguajes analíticos permite determinar automáticamente el tipo de referencia de los términos sujeto o predicado de proposiciones dadas.

Aunque la asignación de los *modi supponendi* haya sido fácilmente asegurada por el recurso al *descensus*, los medievales han tratado de ir desde el nivel de la *aptitudo termini ad descensum* hasta las causas de esa aptitud y de su actualización. La mencionada aptitud no es una propiedad pre-proposicional, sino el efecto inducido de una causa extrínseca sobre el término categoremático mismo. El análisis lógico se ha desplazado, pues, del nivel de la suposición como tal al de las operaciones sintáctico-semánticas que determinan su tipo, naturaleza y función.

Desde la segunda mitad del XII, estas operaciones han sido analizadas y descritas por el estudio de los términos sincategoremáticos, conducido paralelamente a las sumas en tratados especializados: las *Distinctiones*, las *Abstrac-*

tiones, los *Sophismata* y los *Syncategoremata*, y este trabajo se ha proseguido durante todo el XIII bajo diversas formas literarias, antes de concentrarse en el XIV en el único género de los *Sophismata*. Las diferentes sumas de lógica que sirven de base para la enseñanza universitaria sostienen sobre la *suppositio* teorías que se pueden clasificar en dos corrientes dominantes, la corriente continental (de origen parisino) y la corriente oxoniana.

Los lógicos de Oxford. Definen la suposición como una propiedad de los nombres sustantivos sujetos y una variedad de significación que se distingue por su estatuto exclusivamente intra-proposicional, donde la significación es 'la designación de un significado (*res*) bajo la razón principal de su institución', y donde la suposición es 'la subordinación de este significado al de un término predicado'. Este carácter exclusivamente intraproposicional de la suposición se mantuvo en los lógicos ingleses del siglo XIV, ya fueran realistas, como Walter Burley, o nominalistas, como el propio Guillermo de Ockham, quien hace un especial énfasis en que no hay suposición fuera de una proposición, antes de imponerse igualmente en París, como en el caso de Alberto de Sajonia y Marsilio de Inghen.

Los lógicos de París. Se oponen a los ingleses en dos puntos: rechazan hacer de la suposición un género particular de significación y admiten bajo el nombre de 'suposición natural' (*suppositio naturalis*) una relación semántica extra o pre-proposicional. Dado que la significación intensional y la suposición extensional se distinguen la una de la otra en que la significación es la propiedad de un 'sonido vocal' (*vox*), mientras que la suposición es la propiedad de un 'término' (*terminus*), no siendo pensada la suposición como una relación exclusivamente intra-proposicional, la palabra 'término' no va a significar aquí 'aquello en lo que se analiza una proposición', sino 'la representación de un significado (*res*) universal o particular' (Pedro Hispano).

De este modo, la *suppositio naturalis* es la referencia extensional total de un término considerado en sí mismo (*per se sumptus*), fuera de todo complejo discursivo (*extra orationem positus*). Tomado en suposición natural, un término refiere la totalidad de los seres pasados, presentes y futuros, de los que es naturalmente (*aptus natus*), es decir de sí (*de se, a natura sua*) predicable. Significación y suposición natural se distinguen, entonces, la una de la otra, no por su inscripción en un contexto, puesto que las dos son propiedades pre-proposicionales, sino por el tipo de relación semántica que plantean: la significación de un término común se detiene necesariamente en el significado formal al que este término ha sido impuesto, mientras que su suposición natural se extiende al conjunto de sus supuestos, es decir, a todos los sujetos pasados, presentes y futuros (algunos autores añadirán, incluso posibles) contenidos bajo ese significado. Otros lógicos parisinos describen como «suposición natural» un tipo de referencia extensional 'intra-proposicional' presentada por los términos sujetos de las proposiciones científicas (silogismos demostrativos, consecuencias formales), cuya validez es omnitemporal o atemporal.

Aunque esta teoría será retomada por algunos autores del XIV como Juan Buridan, la difusión de la semántica de tipo ockhamista supone la desaparición casi total de la 'suposición natural' y la redefinición de la extensión pre-proposicional de los términos bajo el simple nombre de 'significación en sentido amplio'. Maestros parisinos como Pedro Hispano o Lamberto de Auxerre piensan que los términos *per se sumptus* tienen una referencia natural intemporal que sufre una modificación o *restrictio* cuando son sujetos en una proposición dependiendo del tiempo verbal o *exigentia verbi*, y en ese caso la *suppositio* es accidental.

Los oxfordianos, como se recoge en el manual *Logica cum sit nostra*, siguen las *fallaciae parvipontanae*, rechazando la existencia de una referencia natural fuera del término considerado al margen de la proposición, de modo que todo término se refiere a una cosa presente y sufre una *ampliatio* cuando el verbo ser refiere a algo pasado o futuro. También se separan las dos escuelas en que los parisinos aceptan la *suppositio simplex* o capacidad referencial a objetos generales, como especies y géneros, que es rebatida por los ingleses por su defensa del nominalismo, donde la suposición simple es la referencia a un término mental (*propositio in mente*).

Se proponen casi tantas divisiones de la suposición como autores, pero, en principio, todos ellos están de acuerdo en distinguir todas o algunas de las duplas siguientes:

- suposición simple (*simplex*) / suposición personal (*personalis*);
- en el seno de la suposición personal: suposición discreta (*discreta*)/ suposición común (*communis*);
- en el seno de la suposición común: suposición determinada (*determinata*) / suposición indeterminada (*indeterminata*) o confusa (*confusa*);
- en el seno de la suposición confusa: suposición puramente confusa (*confusa tantum*) / suposición confusa y distributiva (*confusa et distributiva*);
- en el seno de la suposición confusa y distributiva: suposición confusa y distributiva móvil (*distributiva mobilis; vehemens mobilis*) / suposición confusa y distributiva inmóvil (*distributiva immobilis; exilis mobilis*).

La variedad posiciones es, sin embargo, amplia. Por ejemplo, Guillermo de Sherwood la divide en:

- determinada cuando la proposición de ocurrencia debe ser expuesta por proposiciones singulares disjuntas (*homo currit* debe ser expuesta por: *iste homo currit vel ille homo currit*, etc.);
- puramente confusa cuando la paráfrasis es de predicados disjuntos (*omnis homo est animal* se expone como: *omnis homo est hoc animal vel hoc animal vel hoc animal*, etc.);
- confusa distributiva y móvil cuando la exposición tiene la forma de una conjunción de singulares (*omnis homo est animal: hic homo est animal et hic homo est animal*, etc.);
- confusa distributiva e inmóvil, cuando la proposición solo se verifica si se verifica de todos por separado (*tantum omnis homo currit: tantum: hic homo currit et hic homo currit*, etc.

Oponiéndose a la dupla *materialis / formalis*, algunos lógicos (Lamberto de Auxerre en París, Roger Bacon en Oxford) sitúan los empleos auto-referenciales en la suposición simple. La aproximación de la suposición material y la suposición simple se impondrá, pero en sentido inverso, en el siglo XIV, sobre la base de una distinción entre proposición mental (*propositio in mente*) y proposición 'realizada' (*propositio in voce*), y la suposición simple será definida como 'auto-referencia de un término mental' (Guillermo de Ockham).

En el manual *Summulae logicales* de Pedro Hispano, encontramos la siguiente división de la *suppositio*:

- simple (*simplex*): se pone en lugar de una intención: 'hombre es una especie', 'animal es un género';
- material (*materialis*): 'hombre es bisílabo', 'Sócrates ha dicho 'hombre'';
- personal (*personalis*): discreta: 'Sócrates'/común: 'hombre';
- determinada: 'hombre' en 'este hombre corre';
- confusa:
- confusa *tantum*: 'animal' en 'todo hombre es animal';
- confusa distributiva: 'todo (cualquier) sol luce';
- móvil (cuando el término está en posición de sujeto);
- inmóvil (cuando el término está en posición de predicado).

En su tardío *Compendio de lógica*, Juan de Santo Tomás (1589-1644) presenta esta división sistemática de la *suppositio*:

- Atendiendo al significado en lugar del cual supone:
  - Propia: 'el león ruge'

- Impropia. 'el león de la tribu de Judá vence'
- La suposición propia se divide en: material, simple y personal:
    - Material: acepción del término en lugar de su misma *vox*: 'hombre es un nombre', 'blitiri' ('scindapsus') es una voz.
    - Simple: acepción del término en lugar aquello que significa de manera inmediata, lo formal, mientras que mediatamente significa los individuos: 'hombre es una especie' (no se puede descender a los individuos: 'este hombre es una especie').
    - Personal: acepción del nombre en lugar de lo que significa de modo material mediato, los individuos: 'todo hombre es animal' (se puede descender de 'todo hombre' a los individuos: 'este hombre es animal').
- La suposición personal se divide por el orden al verbo o cópula: esencial o natural y accidental
- La suposición se divide atendiendo a la significación en: común, singular.
- La suposición común se divide por parte de los signos: determinada: 'el (algún) hombre discute'; confusa: 'todo (solo el) hombre discute'.
- La suposición confusa se divide en: distribuida: 'todo hombre discute' (hombre figura distributivamente), y solo confusa: 'todo hombre es animal' (animal supone confusamente).
- La suposición solo confusa se divide en: disyunta ('todo hombre es animal') y copulada ('todos los Apóstoles son doce', 'todos los planetas son siete').
- La suposición determinada: es aquella en que se da un descenso disyuntivo (ascenso a los universales, descenso hacia los individuos. Resolución= ascenso y descenso).
- La suposición distribuida: se da un descenso copulativo.

Desde el siglo XIII, los lógicos se ocupan de definir la gama de inferencias posibles de un tipo de suposición a otro, y determinan que están prohibidas las inferencias:

- de varias suposiciones determinadas a una suposición determinada;
- de una suposición determinada a una suposición confusa y distributiva;
- de una suposición confusa *tantum* a una suposición determinada;
- de una suposición confusa *tantum* a una suposición confusa y distributiva.

Son, en cambio, lícitas las inferencias:

- de una suposición determinada a una suposición confusa *tantum*;
- de una suposición confusa y distributiva a una suposición determinada;
- de una suposición confusa y distributiva a una suposición confusa *tantum*.

8. La corriente de los *modistae*: las proposiciones y sus modos

La lógica modal o gramática especulativa se ocupa de los *modi essendi, modi intelligendi* o *modi significandi*, y hace depender el lenguaje del contexto o de la convención humana. Se produce la unificación de lenguaje (*grammatica*) y lógica (*dialectica*).

La seña de identidad de la corriente de los *modistae* es el uso de la gramática para solucionar cuestiones lógicas y teológicas, alcanzando su momento álgido entre 1270 y 1320.

En principio, la *grammatica* y la logica (*dialectica*) eran artes del *trivium*, junto a *rethorica*, pero la gramática va ocupando un espacio más amplio a partir de la sustitución de la *significatio* por los *modi significandi* en la cadena:

Vox - impositio - significatio (modi significandi)- res.

En París, por influencia de los *modistae*, desaparece la *suppositio* sustituida por los *modi significandi*. Respecto a la teoría de la significación tradicional, se introduce la *significatio* como una cualidad inmediata de la *vox* en la cadena:

Vox (oral-plural)- *significatio - intellectus* (concepto)- *similitudo* - res (cosa).

Para los *modistae* el *modus essendi* de las cosas determina el *modus intelligendi*, la forma en que estas son captadas, y este *modus intelligendi* la forma en que son designadas, el *modus significandi*. A mediados del XIII esta clase de lógica apenas se desarrolló en París, mientras se expandía en Oxford.

La *Summa logicae* de Ockham es uno de los numerosos textos que intentaban estructurar la lógica aristotélica, adaptándola a los problemas metafísicos planteados por las categorías y los futuros contingentes, al mismo tiempo que servía como instrumento para las enseñanzas en artes, aunque en el caso concreto del texto de Ockham estaba dirigido a los jóvenes teólogos.

Desde comienzos del XIV los principios filosóficos de los modistas comenzaron a recibir críticas. Pretendían que el significado de un término depende de una *ratio* añadida, mientras que los terministas pensaban que el significado solo depende de que el que lo emplea quiera usarlo significativamente, sin necesidad de otras causas. Un enunciado como ʻ*hominem* *currit*, con el sujeto en un caso acusativo impropio, puede ser tan aceptable como '*homo currit*', con el sujeto en el caso nominativo correcto, porque la congruencia de una sentencia oral o escrita solo depende de la congruencia de la *oratio mentalis*.

En París y Erfurt, además de en otras universidades europeas, hubo un creciente conflicto entre las lógicas terminista y modista. Cuando se expande la lógica terminista en París, los autores se dividen en tres tendencias:

- El primer grupo, tradicional, piensa que la lógica aristotélica debe enseñarse singularmente en el contexto del comentario de cada obra concreta de Aristóteles.
- Otros, siguiendo el modelo de la obra de Pedro Hispano, ordenan sus tratados siguiendo una estructura racional bastante simplificada, siendo el caso de la *Summa logicae* de Ockham, o del *De puritate artis logicae* de Burley.
- Por último, la *Perutilis logica* de Alberto de Sajonia refleja una estructuración mucho más racional y profunda. Además, se observa una inclinación hacia las técnicas del razonamiento por medio de la enseñanza de las destrezas desarrolladas en los *insolubilia* y los *sophismata*.

La división entre modistas y terministas acabará teniendo consecuencias sobre la comprensión de las relaciones entre la lógica, el lenguaje y la realidad. Aunque la obra lógica de Ockham no representaba más que una versión particular de la lógica terminista, su afirmación, contenida también en sus obras físicas y teológicas, de que las únicas categorías reales (*res permanentes*) son la substancia y las cualidades, siendo el resto descripciones de estados de las substancias o las cualidades, en conexión con su nominalismo, resultó muy controvertida. De ahí que, tanto en Oxford como en París, entre 1320 y 1340 se formaran bandos de seguidores (*occanistae* como se los denomina por primera vez en París) y opositores a Ockham.

En 1339, en París, uno de los líderes del movimiento contrario a las novedades, Conrado de Megenberg, deploraba las innovaciones en los comentarios de Aristóteles, tal como se habían interpretado tradicionalmente por parte de los comentadores griegos y árabes, incluido el propio Averroes. De modo que más que en su teología o su lógica, el motivo de oposición a Ockham era su interpretación de Aristóteles, lo que justifica su condena en la facultad de artes. El juramento de esa facultad (*CUP* II: 680) obligaba a seguir fielmente la '*scientiam Aristotelis et sui Commentatoris Averrois et aliorum commentatorum antiquorum et expositorum dicti Aristotelis*'. Estos comentaristas tradicionales eran, entre otros, Alberto Magno, Tomás de Aquino o Gil de Roma, lo que añadía un factor de contraste entre los doctores *antiqui* del siglo XIII y los *moderni*, desde 1310 en adelante.

La sofisticación de los tratados ingleses de *sophismata*, insolubles, consecuencias y obligaciones que llegaban a París, encontró la creciente oposición de los modistas que, no obstante, ya era una corriente minoritaria hacia 1360. Las autoridades de referencia para los terministas no eran los primeros lógicos de esta tendencia de finales del XII y comienzos del XIII, sino los lógicos contemporáneos, como Burley, Campsale, Ockham o Buridan. La lógica y la metafísica de Escoto, en cambio, se consideraban más compatibles con los modistas, lo que explica que el más importante tratado de la lógica modista del siglo XIV circulara bajo el nombre de Escoto. Con ello, se afianzó la compatibilidad del modismo lógico con el realismo metafísico en la corriente de los *antiqui*.

Hacia 1380 los dos campos estaban nítidamente dibujados: de un lado, los seguidores de la lógica terminista y el nominalismo y de otro los modistas que seguían rechazando la riqueza de tratados de *proprietatibus terminorum* y el nominalismo, prefiriendo la interpretación de Aristóteles común en el siglo anterior. La obra *Destructiones modorum significandi* de Pedro de Ailly y el *De modi significandi* de Juan Gerson señalan ya el rumbo que habría de tomar la división de escuelas de artes y teología en el siglo XV, con su denuncia de los formalizantes, quienes, siguiendo la senda de Escoto y los modistas, confundían lógica y metafísica. Pese a su decadencia, los modistas siguieron escribiendo a finales del XIV y comienzos del XV, tanto en París como en la Europa central.

Las proposiciones y sus clases
En los modistas se impone el valor de las proposiciones sobre los nombres y los términos, que son los componentes simples de las oraciones y las proposiciones que se componen de ellos. Desarrollaremos esquemáticamente las definiciones, divisiones y propiedades de las proposiciones, adoptando un punto de vista general, que no corresponde específicamente a ningún autor o corriente, aunque circunstancialmente nos referiremos a alguna variación significativa.

La oración. Es una noción gramatical, que Aristóteles define como: 'la voz significativa por convención, cuyas partes separadas significan algo como dicciones, pero no como afirmaciones o negaciones' (*Peri hermeneias* I). Pedro Hispano como: 'la voz significativa por convencion, cuyas partes significan separadas'. El tipo de oración depende del verbo: indicativas, imperativas, optativas e interrogativas. De ellas, las indicativas son las que son susceptibles de verdad o falsedad, y, por tanto, son objeto de la lógica. La oración puede ser perfecta ('Dios es el sumo bien'), o imperfecta ('si dormís').

La proposición (o enunciación). Es una oración perfecta que se define como una oración que significa lo verdadero y lo falso declarándolos; p. ej.: 'el hombre corre'. Buridán define la proposición como una expresión que significa algo verdadero o falso. Según la teoría del *complexe significabile*, solo una proposición, que es compuesta (*complexe*), tiene significación (verdad-falsedad). Una palabra no significa; p. ej. *Deus ens* (existente Dios), es un *complexe significabile* (*Deum esse*) en forma verbal: Dios existe actualmente. Para Buridan: *Socratem currere* equivale a *Socrates currit*. Para Ockham y Holcot, el acto (proposición) y la cosa significada son lo mismo.

Pedro Hispano consigna las preguntas a las que debe contestarse para determinar las clases de proposiciones. Se trata de un proceder característicamente aristotélico:

- a la pregunta: ¿que es?: 'categorica' o 'hipotetica';
  - *Categóricas*: Aristóteles las define como oraciones que dicen algo respecto de algo (*Peri hermeneias* 517a). Dos nombres o frases nominales se unen mediante una cópula: 'Sócrates es griego'. Trata de determinar si algo existe o no existe (*aliquod esse vel non esse*).
  - *Hipotéticas*: Significan la relación entre el *esse* de la primera proposición y el *esse* de las segunda proposición, según el signo que las une. Son dos proposiciones categóricas unidas por signos (*notae*) sincategoremáticos: 'si Sócrates es griego, entonces el Anticristo es humano'.
- a la pregunta ¿que cualidad tiene?: 'afirmativa' o 'negativa';
- a la pregunta ¿que cantidad tiene?: 'universal', 'particular', 'indefinida', y 'singular'.

Según el signo, las proposiciones hipotéticas se dividen en: copulativas, disyuntivas, condicionales, causales, temporales y locales, según sea el signo que une las oraciones: 'y', 'o', 'si', 'porque', 'cuando' y 'donde'. Algunos ejemplos: locales: '*Socrates currit, ubi Plato disputat*'; temporales: '*Adam fuit, quando Noe fuit*'; causales: '*dies est, quia sol oritur*'.

Según el signo de cantidad que acompaña a la proposición, se dividen en: universales ('Todos los hombres corren'), particulares ('Algunos hombres corren'), indefinidas ('Los hombres corren') y singulares (de término discreto: 'Sócrates corre'; de término común: 'este hombre disputa').

Por su cualidad pueden ser: afirmativas y negativas ('un hombre corre', 'un hombre no corre') y verdaderas y falsas ('tú eres un hombre'; 'tú eres un asno').

Al combinar la cantidad y la cualidad se establece el cuadrado (*quadrata*) de las oposiciones entre las proposiciones: contrarias, subcontrarias, subalternas, contradictorias.

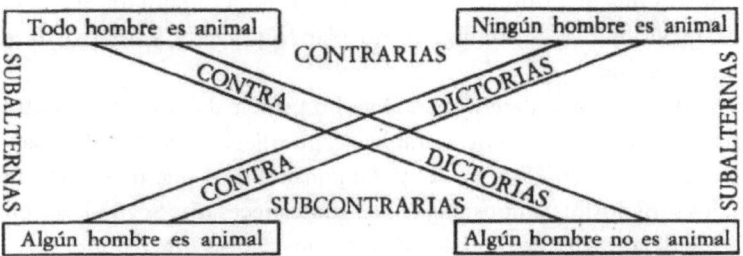

En relación a estas oposiciones se pueden deducir las siguientes leyes:

- La ley de las contrarias es: si una es verdadera, la otra es falsa, pero no a la inversa; pues ambas pueden ser falsas simultáneamente en materia contingente, como 'todo hombre es blanco'-'ningún hombre es blanco'.
- La ley de las subcontrarias es: si una es falsa, la otra es verdadera, pero no a la inversa; pues ambas pueden ser verdaderas al mismo tiempo en materia contingente.
- La ley de las contradictorias es: si una es verdadera, la otra es falsa, y a la inversa.
- La ley de las subalternas es: si la universal es verdadera, la particular es verdadera, pero no a la inversa.

Estos tipos de proposiciones opuestas pueden convertirse de tres modos:

- Simple. Transformar el sujeto en predicado y a la inversa, permaneciendo la misma cualidad y cantidad: 'ningún hombre es piedra' en 'ninguna piedra es hombre'; 'algún hombre es animal' en 'algún animal es hombre'.
- Accidental. Transformar el sujeto en predicado y el predicado en sujeto, conservando la misma cualidad, pero cambiando la cantidad: 'todo hombre es animal' en 'algún animal es hombre', 'ningún hombre es piedra' en 'alguna piedra no es hombre'.
- Contraposición. Transformar el sujeto en predicado y el predicado en sujeto, permaneciendo la misma cualidad y la misma cantidad, pero

cambiando los términos finitos en términos infinitos: *'todo hombre es animal'* en *'todo no-animal es no-hombre'*; *'algún hombre no es piedra'* en *'alguna no-piedra no es no-hombre'*.

Las proposiciones modales

Un modo es una determinación adyacente a la cosa (adjetivo). El adjetivo es de dos tipos: adjetivo de nombre, como 'blanco' y 'negro'; y adjetivo de verbo, como el adverbio.

Los adverbios que determinan al verbo principalmente en el sentido de la composición son seis: *'necesariamente'*, *'contingentemente'*, *'posiblemente'*, *'imposiblemente'*, *'verdaderamente'* y *'falsamente'*. Los cuatro modos fundamentales son: posible, imposible, contingente, necesario. Según la ausencia o presencia de un signo de modalidad, la proposiciones son:

- Categóricas. Expresan la existencia o no existencia de algo: 'Sócrates corre'.
- De inherencia (de *inesse*). Afirman algo: 'el hombre es racional'.
- Modales. Son dos oraciones categóricas en las que figura un signo (*nota*) que indica un modo: es posible que Sócrates corra.

Las modales se dividen en:

- Necesarias: 'Dios es'.
- Contingentes: 'tú estás en Roma'.
- Posibles: 'tú corres'.
- Imposibles: 'un hombre es un asno'.
- Exceptivas: 'todos los hombres excepto Sócrates corren'.
- Exclusivas: 'solamente el hombre corre'.

Juan de Santo Tomás define las proposiciones modales como aquellas en que se denota que el predicado inhiere en el sujeto de acuerdo a algún modo; es una determinación adyacente a la cosa.

Desde el punto de vista del sentido gramatical de la proposición, hay varias clases de modos:

- Modos que afectan al sujeto: 'el hombre justo es sabio'; 'justo' modifica a 'hombre'.
- Modos que afectan al predicado: 'Pedro corre velozmente'; 'velozmente' afecta al predicado 'veloz'.

- Modos que afectan a la cópula. Proposiciones modales: imposible, posible, necesario contingente (algunos añaden: verdadero, falso).
- Modal compuesta: el modo es el predicado: 'que Pedro discuta es posible'.
- Modal dividida: el modo es adverbial referido a la cópula (verbo): 'Pedro posiblemente discute'.
- Proposiciones en sentido compuesto: unidad o simultaneidad de dos formas en un sujeto.
- Proposiciones en sentido dividido: unidad de dos formas en un sujeto sucesivamente o excluyendo una a otra.

En el ejemplo: 'Para el que está sentado, estar de pie es posible'.

- Sentido compuesto. La conjunción (al mismo tiempo) de los dos modos es imposible: el que está sentado no puede (al mismo tiempo) estar de pie.
- Sentido dividido. La conjunción es posible; equivale a: 'el que está sentado puede (está en potencia de) estar de pie'.

Un ejemplo metafísico-teológico de la distinción sentido compuesto-dividido relacionado con el tema de los futuros contingentes, planteando que la voluntad de Dios no sigue necesariamente al objeto que la mueve, es el siguiente: *la voluntad eficazmente movida puede no operar.*

- En sentido compuesto es contradictoria.
- En sentido dividido es verdadera: 'puede' quiere decir que es posible operar y no operar de manera sucesiva o permaneciendo la potencia de operar y no operar.

Las condiciones de verdad de las proposiciones. Sus propiedades
Los métodos para determinar las condiciones de verdad de los tipos de proposiciones categóricas son los siguientes:

- *Resolución.* Método utilizado en el caso de: particulares ('algunos hombres corren'); singulares cuyo sujeto es un nombre propio ('Sócrates corre'); modales de sentido dividido (cuando el signo modal separa al sujeto del predicado: 'Sócrates necesariamente corre').
- *Exponibles.* Los tratados de *Exponibilibus* (Exponibles), que forman parte de los manuales de lógica, se ocupan de determinar la verdad de

proposiciones categóricas universales afirmativas a partir de la verdad de proposiciones más simples. Los *Exponibilia* consisten en un análisis de proposiciones, exponiéndolas en proposiciones más simples para determinar su valor de verdad. 'Solo un hombre corre' es exponible: 'Un hombre corre y toda cosa que corre es un hombre' o 'un hombre corre y nada que no sea un hombre corre'. Se utilizan partículas como las siguientes: exceptivas ('Todos excepto Sócrates están corriendo'); exclusivas ('Solo Sócrates está corriendo'); reduplicativas ('la justicia es conocida en tanto que buena').

- *Officiabiles.* Se ocupa de las condiciones de verdad de las modales de sentido compuesto (el signo modal antecede a toda la proposición: 'Necesariamente el hombre corre').
- *Descriptibiles.* Se refiere a las proposiciones a las que antecede un término mental (creo, dudo, sé): 'Yo sé que tú estás en Roma'.
- *Probationes.* En conexión con los procedimientos anteriores, este método del siglo XIV, propone la reducción de proposiciones categóricas, cuya verdad es difícil de establecer a una conjunción entre categóricas más simples 'Sócrates comienza a ser blanco' se correspondería con la conjunción: 'Sócrates no era blanco' y Sócrates es ahora blanco'.

Las propiedades de las proposiciones tomadas en sí mismas son:

a) *Oposición.* Se dan cuatro tipos de oposición de las proposiciones según sean universales o particulares, afirmativas o negativas: A (universal afirmativa), E (universal negativa), I (particular afirmativa), O (particular negativa): contrarias, subcontrarias, subalternas, contradictorias. Así los medievales introdujeron gráficamente el cuadrado de las oposiciones, que como hemos visto aparecía ya en el siglo X.

Las reglas que cumplen estas clases de proposiciones opuestas son:
- Las contrarias pueden ser simultáneamente falsas pero no simultáneamente verdaderas (no - A y E).
- Las subcontrarias pueden ser simultáneamente verdaderas pero no simultáneamente falsas (A o O).
- Las subalternas son de tal modo que si la universal es verdadera, también es verdadera la particular (si E entonces O).
- Las contradictorias no pueden ser simultáneamente verdaderas ni simultáneamente falsas (A $\oplus$ O).

b) *Conversión.* Es la equivalencia de dos consecuencias convirtiendo el antecedente o el consecuente; p. ej.: 'solamente el animal es hombre' equivale a: 'el animal es hombre, y nada distinto de un animal es hombre', y se convierte en: 'el hombre es animal, y ningún hombre es distinto de un animal'.

En la conversión simple (*simpliciter*), se invierte el sujeto por el predicado manteniendo la extensión de los términos. En la conversión por accidente (*per accidens*), se invierten sujeto y predicado cambiando la extensión de los términos. En la conversión por contraposición, se invierten los términos negados. Para la conversión, los medievales utilizaban como regla mnemotécnica este verso: *Simpliciter fEcI convertitur, EvA per accid. AstO per contrap. Sic fit conversio tota.*

c) *Equipolencia.* Es la propiedad que tienen las proposiciones por la cual una proposición se hace equivalente, o se reduce, a su opuesta anteponiendo una negación:

- Una proposición se reduce a su *contradictoria* anteponiendo la negación al sujeto: 'no todo hombre corre' equivale a, 'algún hombre no corre'
- Se reduce a su *contraria o subcontraria* anteponiendo la negación al predicado. 'Todo hombre no es animal' equivale a 'ningún hombre es animal'.
- Se reduce a su *subalterna* anteponiendo la negación al sujeto y al predicado: 'no todo hombre no corre' equivale a 'algún hombre corre'.

Los medievales utilizaban como regla mnemotécnica este verso: *Prae contradic. Post contra. Prae postque subalter.*

9. LOS RAZONAMIENTOS SILOGÍSTICOS

La teoría de los silogismos y su utilización en la práctica escolar y en los tratados escolásticos es uno de los temas más universales de la lógica medieval. Aristóteles elaboró esta teoría en sus obras *Peri hermeneias, Analíticos primeros* y *Analíticos segundos.* Sin embargo, él mismo nunca empleó un silogismo en sus escritos.

Aristóteles define el silogismo del siguiente modo: 'Y el silogismo es un enunciado en el que, sentadas ciertas cosas, se sigue necesariamente algo distinto de lo ya establecido por el <simple hecho de> darse esas cosas. Llamo por el <simple hecho de> darse esas cosas al <hecho de que aquello> se siga en virtud de esas cosas, y llamo el <hecho de que aquello> se siga en virtud de esas cosas al <hecho de> que no se precise de ningún término ajeno para que se dé necesariamente <la conclusión>'. (*Analíticos Primeros* I, 1, 24 b 18-23).

El término 'silogismo' συλλογισμός (*syllogismus*) se compone de σύν (*syn*) y λόγος (*logos*), composición de enunciados, en lo que los medievales se inspiran para su *ars disserendi* (arte de encadenar enunciados).

En resumen, el silogismo es la oración en la que, puestas ciertas cosas, es necesario que algo suceda por virtud de esas cosas que han sido puestas. Como:

todo animal es substancia
todo hombre es animal
luego todo hombre es substancia.

El silogismo es un argumento que se requiere para el ejercicio de la dialéctica, que consiste en la discusión (*disputatio*) en que el proponente (*arguens*) propone un argumento bien formado.

Los argumentos tienen la forma de un silogismo: tres proposiciones, mayor (*maior*), menor (*minor*), conclusión (*conclusio*) o consecuente (*consequens*), conectadas por la nota de inferencia (*ergo*); la conexión misma se llama inferencia (*illatio*); p. ej.:

Quidquid honestati virtutis repugnat, non est amplectendum
vita voluptuosa honestati virtutis repugnat
ergo non est amplectenda
(todo lo que va contra la honestidad debe ser rechazado, la vida voluptuosa va contra la honestidad, luego la vida voluptuosa debe ser rechazada).

En la clase de silogismo denominada entimema, solo hay dos proposiciones (antecedente y consecuente), conectadas del mismo modo:

Vita voluptuosa honestati virtutis repugnat
ergo non est amplectenda
(la vida voluptuosa va contra la honestidad, luego debe ser rechazada).

Los principios generales del silogismo son tres:

- *Quæcumque sunt eadem uni tertio, sunt eadem inter utraque se* (todas las cosas que son iguales a una tercera son iguales entre sí).
- *Dictum de omni* (dicho de todo: lo que se afirma de todo se afirma de cada uno).
- *Dictum de nullo* (dicho de ninguno: lo que se niega de todo se niega de cada uno).

Las reglas generales de los silogismos son:

- Se requieren tres términos: mayor-menor-medio.
- Se requieren tres proposiciones: premisa mayor-menor-conclusión.
- El silogismo no debe tener más de tres términos: mayor, menor y medio.
- Ningún término debe tener más extensión en la conclusión que en las premisas.
- El término medio no debe entrar en la conclusión.
- El término medio debe tomarse al menos una vez universalmente (no es correcto: algún hombre habla; algún hombre es muerto; luego algún muerto habla).

Esquemas de los silogismos
Los medievales idearon esquemas para simplificar con vistas a la enseñanza la doctrina aristotélica de los silogismos. Según su *cantidad* las proposiciones que constituyen las premisas y la conclusión del silogismo pueden ser:

A	Universal afirmativo	Todo A es B	Todos los *hombres* son *mortales*
E	Universal negativo	Ningún A es B	Ningún *hombre* es *inmortal*
I	Particular afirmativo	Algún A es B	Algún *hombre* es *filósofo*
O	Particular negativo	Algún A no es B	Algún *hombre* no es *filósofo*

El nombre de las clases A e I deriva del verbo *adfirmo* (afirmo), el de las E y O de *nego* (niego).

Términos
- Mayor: está en la premisa mayor – TM (predicado de la conclusión)
- Menor: está en la premisa menor – Tm (sujeto de la conclusión)
- Medio: está en las dos premisas – M (no aparece en la conclusión)

Figuras del silogismo
Según la posición de los términos mayor (TM) y menor (Tm) y el término medio (M) como sujeto o predicado en las premisas (en la conclusión siempre el término menor es sujeto y el término mayor es predicado), hay cuatro configuraciones o figuras de los silogismos (los medievales añadieron la cuarta que no se encontraba en Aristóteles):

	1ª Figura	2ª Figura	3ª Figura	4ª Figura
Premisa mayor	M - TM	TM - M	M - TM	TM - M
Premisa menor	Tm - M	Tm - M	M - Tm	M - Tm
Conclusión	Tm - TM	Tm - TM	Tm - TM	Tm - TM

Modos válidos del silogismo

Son combinaciones de la cantidad de las premisas y la conclusión (A, E, I, O) que concluyen en un silogismo válido. Los medievales elaboraron un regla mnemotécnica, en forma de verso latino en hexámetro dactílico: *Bárbara, Célarént, Darií, Ferióque prióris. Cesare, Cámestrés, Festíno, Baróco secúndae. Tértia Dáraptí, Disámis, Datísi, Felápton, Bocárdo, Feríson habét. Quárta ínsuper áddit Brámantíp, Camenés, Dimáris, Fesápo, Fresíson.*

Primera figura	AAA, EAE, AII, EIO	BARBARA, CELARENT, DARII, FERIO
Segunda figura	EAE, AEE, EIO, AOO	CESARE, CAMESTRES, FESTINO, BAROCO
Tercera figura	AAI, IAI, AII, EAO, EIO, OAO	DARAPTI, DISAMIS, DATISI, FELAPTON, FERISON, BOCARDO
Cuarta figura	AAI, AEE, IAI, EIO, EAO	BAMALIP, CAMENES, DIMARIS, FRESISON, FESAPO

Los modos válidos de la primera figura pueden describirse así:

- El primer modo (*Barbara*) consta de dos universales afirmativas que concluyen una universal afirmativa:
  todo animal es substancia
  todo hombre es animal
  luego todo hombre es substancia.
- El segundo modo (*Celarent*) consta de una universal negativa y una universal afirmativa que concluyen una universal negativa:
  ningún animal es piedra
  todo hombre es animal
  luego ningún hombre es piedra.
- El tercer modo (*Darii*) consta de una universal afirmativa y una particular afirmativa que concluyen una particular afirmativa:
  todo animal es substancia
  algún hombre es animal

luego algún hombre es substancia.
- El cuarto modo (*Ferio*) consta de una universal negativa y una particular afirmativa que concluyen una particular negativa:
  ningún animal es piedra
  algún hombre es animal
  luego algún hombre no es piedra.

Ejemplos

TM: mortales Tm: filósofos M: hombres	Silogismo en el modo BARBARA (primera figura): PM: Todos los hombres son mortales Pm: Todos los filósofos son hombres C: Todos los filósofos son mortales
TM: filósofo Tm: caballo M: hombres	Silogismo en el modo BAROCO (segunda figura): PM: Todos los filósofos son hombres Pm: Ningún caballo es hombre C: Ningún caballo es un filósofo

Los nombres de los modos válidos significan operaciones de un cálculo de los silogismos:

- El orden de las vocales significa la cantidad y cualidad de las premisas y la conclusión: mayor, menor, conclusión.
- Las consonantes informan de cómo el silogismo se pueden reducir a los de la primera figura (excepto Baroco y Bocardo):
  - La consonante inicial es igual que la correspondiente de la primera figura.
  - La letra 'S' después de una vocal indica una conversión simple.
  - La letra 'P' después de una vocal indica una conversión *per accidens*.
  - Cuando 'P' o 'S' están al final del nombre se indica que la conclusión del silogismo debe convertirse *per accidens* o simplemente respectivamente.
  - Cuando aparece la letra 'M' se indica que hay que cambiar (*mutare*) el orden de las premisas.
  - Cuando la letra 'C' no está al comienzo del nombre se indica que el silogismo no puede ser reducido directamente a la primera figura, sino indirectamente (*reductio ad absurdum*).
  - Las demás letras que aparecen en medio o al final del nombre (B, D, L, N, T, R) solo tienen la función de completar el nombre.

Además del silogismo, hay tres formas de argumentación: inducción, entimema y ejemplo.

- La inducción es el paso de varias particulares a una universal:

  Sócrates corre, Platón corre, Cicerón corre,

  y así cada uno,

  luego todo hombre corre.

- El entimema es el silogismo imperfecto, en que se infiere la conclusión pero falta alguna premisa:

  todo animal corre

  luego todo hombre corre.

  Donde falta la premisa:

  todo hombre es animal.

- El ejemplo. Cuando por un particular se prueba otro particular a causa de algo semejante que se da en ellos:

  es malo que los leoneses luchen contra los asturianos

  luego es malo que los asturianos luchen contra los zamoranos.

10. La crisis de la lógica aristotélica a finales del siglo XIII

La filosofía de los siglos finales de la Edad Media se caracteriza por una gran crisis del aristotelismo, que tiene consecuencias en la metafísica, la teología y la lógica.

La condena antiaristotélica de 1277 en París va a tener como derivada la crisis de la lógica aristotélica, que ya había comenzado cuando habían surgido nuevos problemas no tratados directamente por Aristóteles con la corriente de los terministas.

En realidad no hay apenas artículos en el decreto de Tempier que se refieran a temas de lógica, y siempre indirectamente, más sobre los fundamentos de la ciencia que sobre doctrinas lógicas. Por ejemplo, la tesis aristotélica, según la cual 'nada debe creerse que no sea evidente por sí mismo o deducible de principios evidentes por sí mismos', se consideraba que iba contra la fe, pues solo aceptaba la certidumbre racional de la filosofía, y no tenía en cuenta la certidumbre de adhesión característica de la fe.

Pero, en Inglaterra, el obispo dominico Robert Kildwarby se haría muy pronto eco de la condena extendiendo sus efectos a la Universidad de Oxford. Las proposiciones condenadas por Tempier no estaban ordenadas por temas y solamente algunas se relacionan indirectamente con la lógica. En cambio, Kilwardby distribuye en apartados las proposiciones censuradas, señalando cuatro *in grammaticalibus*, 10 *in logicalibus* y 16 *in naturalibus*. Siendo él mismo un lógico reputado, Kildwarby demuestra su conocimiento de los temas que estaban siendo tratados en su época y entra en los debates que se estaban suscitando. Seguiremos en esta exposición el trabajo que le ha dedicado a la cuestión Muñoz Degado (1977).

Las tesis sobre lógica condenadas en el decreto son:

1. Que los contrarios pueden ser verdaderos al mismo tiempo en alguna materia.
2. Que un silogismo que yerra en su materia no es un silogismo.
3. Que no es una suposición en una premisa más por aquello por lo que supone que por lo significado. Y [que] lo mismo es decir 'el 'asno' de cualquier hombre corre', que 'un hombre ignorante (un asno) cualquiera corre'.
4. Que todo animal es todo hombre.
5. Que un signo no distribuye al sujeto en comparación con el predicado.
6. Que la verdad por necesidad existe tanto como la permanencia del sujeto.
7. Que no cabe establecer una demostración sin cosas reales.
8. Que toda premisa verdadera sobre el futuro es también necesaria.
9. Que el término con un verbo de presente se distribuye por todas las variaciones de los tiempos. Esto es, que se puede usar el tiempo verbal del presente para referirse a todos los tiempos.
10. Que de la negación de un predicado finito resulta la afirmación de un predicado infinito sin la permanencia del sujeto.

El principio general que guía la crítica de Kilwardby a estas tesis es la conexión esencial entre lógica y ontologia. La lógica, para no raciocinar *figmentaliter,* debe presuponer la ontología, que considera las cosas en cuanto existentes. Desde este principio, se puede explicar el motivo de la oposición a cada una de las tesis condenadas.

- *Quod contraria simul possunt esse vera in aliqua materia*: Kildwardby sostiene que las contrarias no pueden ser verdaderas al mismo tiempo, pero, en materia contingente, pueden ser simultáneamente falsas.
- *Quod syllogismus peccans in materia non est syllogismus*: hay una forma común a todos los silogismos, señalada por el Estagirita en los *Primeros Analíticos*. El silogismo inferencial es el mismo para todos los casos, tanto que se trate de silogismo dialéctico como de silogismo rigurosamente demostrativo.

- *Quod non est suppositio in propositione magis pro supposito quam pro significato et ideo idem est dicere 'cuiuslibet hominis asinus currit' et 'asinus cuiuslibet hominis currit'.* Lo que condena Kilwardby es confundir el todo con las partes, respecto a la suposición y distribución por confusión entre el caso recto y el caso oblicuo.

- *Quod animal est omnis homo.* Aquí el predicado no admite cantidad, porque está individuado por el sujeto y un sujeto universal permite elegir arbitrariamente cualquiera de sus inferiores lógicos y realizar con él una predicación legítima.

- *Quod signum non distribuit subiectum in comparatione ad praedicatum*: Al condenar esta tesis, se reafirma teoría de la inherencia del predicado en el sujeto, siguiendo a Pedro Hispano, para quien la cuantificación del sujeto, en orden al predicado, determinaba, en la teoría de la inherencia, el número (*distributio*) de sujetos que participan de la forma expresada por el predicado.

- *Quod veritas cum necessitate tantum est cum constantia subiecti.* El sentido de la condenación de esta proposición sexta parece estar en favor de la línea platónico-agustiniana, como reacción contra el aristotelismo heterodoxo. Para un agustiniano y un platonizante, las verdades necesarias son esencialmente verdades eternas, derivadas de un ejemplarismo esencial, en relación a proposiciones que enuncian verdades eternas.

- *Quod non est ponere demonstrationem sine rebus entibus.* La demostración aristotélica se funda en proposiciones esenciales, prescindiendo de la existencia. Kilwardby condena el afirmar que no hay demostración sin la existencia de los objetos de ella.

- *Quod omnis propositio de futuro vera est necessaria.* Esta proposición se relaciona especialmente con el cap. 9 (18a30-19b) del *Peri hermeneias* del Aristóteles, que sirvió de referencia, durante siglos, para las discusiones acerca de los futuros contingentes. La condenación quiere defender el contingentismo y rechazar el fatalismo y necesarismo.

- *Quod terminus cum verbo de praesenti distribuitur pro omnibus differentiis temporum.* Esta proposición ha de entenderse o bien de enunciados en materia contingente, o bien con un sentido general, sin distinguir entre materia necesaria y contingente y también sin limitarse a los términos comunes, por lo cual parece referirse a las proposiciones accidentales de manera especial.

- *Quod ex negativa de praedicato finito sequitur affirmativa de praedicato infinito, sine constantia subiecti.* Contra lo que dice la tesis, Kildwardby afirma que la inferencia por contraposición de la negativa a la afirmativa es válida, solo si ponemos una premisa *extra* que garantice la existencia de los objetos. Sin esto, tal inferencia puede ser inválida.

De estas tesis, las que pueden tener un contenido contrario a la fe son sobre todo, la sexta y la octava. Esta última se refiere al problema de los futuros contingentes, que iba ganando terreno en los debates teológicos. La tesis sexta demuestra mayor sofisticación lógica en su planteamiento. En efecto, 'Que la verdad por necesidad existe tanto como la permanencia del sujeto' (*quod veritas cum necessitate tantum est cum constantia subiecti*), se refiere a la cuestión general de la existencia de significación sin una cosa que sea su referente (*utrum, rebus corruptis, cadat vox a sua significatione*), que remitía al principal condenado en París, Siger de Brabante, que se había ocupado de la cuestión: 'si la proposición: el hombre es animal, es verdadera en el caso de que no exista ningún hombre' (*utrum haec sit vera: 'homo est animal', nullo homine existente*). Kilwardby piensa que la existencia concreta no siempre es necesaria, pues, las verdades necesarias se fundan en la esencia y no en la existencia. Lo que se pondría en cuestión en la tesis aristotélica es la esencia misma de la creación, pues las nociones de Dios de las cosas antes de ser puestas en el tiempo en el acto creador son verdades necesarias, y la existencia es contingente.

Pese a la crisis que desataron las condenas universitarias aristotélicas, a nivel lógico y metodológico el aristotelismo nunca dejó de ser el tejido de ideas dominante en la universidad cristiana medieval, puesto que los métodos de enseñanza y de discusión estaban basados en los procedimientos lógicos aristotélicos, cuya creciente sofisticación puede considerarse como la exploración de las posibilidades de las técnicas de argumentación propuestas en el *Organon*.

Si se pasa de la lectura cursiva fijada al texto, a la lectura ordinaria abierta al comentario, de la disputa ordinaria como ejercicio práctico de la competencia argumentativa de los estudiantes, a la disputa quodlibetal, que promueve la curiosidad y el examen de la pericia de los maestros, para finalmente concluir en el predominio de la disputa sofismática y obligacional, en la que el *studium* universitario se constituye en un espacio agonal abierto al debate entre iguales que miden sus fuerzas, no es por el abandono de las técnicas argumentativas basadas en el silogismo aristotélico, sino por la profundización y la exploración de sus posibilidades.

Además, Aristóteles está presente en cada página de los tratados, comentarios o sumas de la época, pues los conceptos, los términos de los problemas y en buena medida sus soluciones los proporciona el aristotelismo. Indudablemente, la teología espiritualista suministra un campo expandido de problemas que amplía considerablemente los que pudo plantear la filosofía naturalista griega, como: el movimiento de los ángeles, el misterio trinitario, la libertad divina, la vida futura, etc., lo que dará origen a nuevas reflexiones, aunque sin abandonar nunca el espacio lógico aristotélico.

CAPÍTULO 3

LA LÓGICA AL FINAL DE LA EDAD MEDIA: *LOGICA MODERNORUM* (S. XIV-XV)

La aparición de las *Summulae* de Pedro Hispano en la segunda mitad del siglo XIII marca un hiato en la historia de la lógica medieval. Fue el manual más utilizado, libro de referencia para los estudiantes y maestros, pero, sobre todo, introductor de los nuevos temas específicamente medievales que se usaban como complemento a la lógica aristotélica.

La edición de De Rijk de las *Summulae* comprende 12 libros, que se dividen en dos grupos:

- Los primeros seis son relativos a temas aristotélicos (tanto de *logica vetus* como de *logica nova*): composiciones, predicables, categorías, silogismos, tópicos y falacias.
- Los otros seis se refieren a temas específicamente medievales: suposición, partículas relativas, ampliación, apelación, restricción y distribución.

Esta segunda parte se conoce como *Parva logicalia*, y comenzará a dominar la literatura sumulista.

A partir de los *Parva logicalia*, la evolución hacia la *logica modernorum* del XIV está vinculada a los cambios en la disputa dialéctica:

- La disputa tiende a desvincularse de las cuestiones metafísicas implícitas en los tratados sobre los predicamentos y los predicables (*De praedicamentis* y *De praedicabilibus*) que nacían de comentarios a *Isagoge* y *Categorías*.
- La disputa se hace cada vez más formalista, basándose en las propiedades meramente lógicas de sus partes componentes: los términos, las proposiciones y los argumentos.
- La *dialéctica* se concibe como un *ars disputandi*, que requiere nuevas técnicas, por lo que se añaden nuevos tratados a los de Pedro Hispano:

Obligationes, Insolubilia, Consequentiae, que se denominaron *Parvulus modernorum,* para distinguirlos de los *Parva logicalia,* y más tarde aún otros: *Impossibilia, Calculatoria, Sophismata.*

Estos cambios aparecen ya reflejados en los más importantes tratados generales de lógica del XIV y el XV. Guillermo de Ockham: *Summa totius logicae;* Alberto de Sajonia: *Perutilis logica;* Pablo de Venecia: *Logica Parva* o *Tractatus Summularum, Logica magna;* Pablo de Pérgola: *Compendium logicae.*

1. DE LA *LOGICA ANTIQUA* A LA *LOGICA MODERNORUM*

Antes de su solidificación como corriente con unos rasgos definidos, en el siglo XIV, el apelativo '*moderni*' se había utilizado en diferentes épocas con la referencia común de una determinada actitud abierta a la utilización de instrumentos lógicos en la resolución de cuestiones teológicas.

La dialéctica entre lo antiguo y lo moderno conoce dos momentos especialmente significativos en la cultura medieval:

- Los defensores del pensamiento patrístico a partir del que se había generado la cultura localizada en las escuelas monacales denominaban, con un cierto tono despectivo, *moderni* a los primeros escolásticos que pretendían racionalizar la fe, y que acabarán por trasladar el saber a las aulas universitarias.
- El segundo momento es ya plenamente académico y remite a la oposición entre la *via antiqua,* representada por los tomistas y la *via moderna,* que propugnan los escolásticos críticos escotistas y ockhamistas.

La *logica vetus* y la *logica nova* compartían su filiación aristotélica, con su característica vinculación de la metafísica y la formalización lógica, en un contexto naturalista. Pero, ya a finales XIII, la gramática retorna con fuerza en los estudios del *trivium* e impregna a la dialéctica, en una influencia recíproca que, como hemos visto, dará lugar al desarrollo de la escuela de los *modistae,* dominante en el tránsito al siglo XIV.

Aún más trascendente es la aparición de nuevos tratados que van desvinculándose de las *Summulae,* constituyendo el nuevo género literario de los *Parva logicalia.* Lo más significativo de estos nuevos tratados es que estudian temas que, aunque formalmente no se separan de la tradición de lo que ahora se conoce como *logica antiqua* (tanto *vetus* como *nova*), se ocupan de temas no tratados anteriormente o que eran tradicionales, pero que ahora se estudian de un modo enteramente nuevo: sincategoremas, exponibles, insolubles, consecuencias, obligaciones. El conjunto de estas nuevas obras constituye la *logica modernorum,* que evoluciona a la par que el nominalismo va imponiéndose en las escuelas universitarias. Muchos de estos escritos se basan en comentarios e interpretaciones de los *Sophisitici elenchi,* que ya habían sido utilizados desde la primera mitad del siglo XII. En el XIV, en particular son las obras sobre las *Consequentiae* las que fundamentan el resto de los tratados: *Insolubilia, De Obligationibus, Exponibilibus, Suppositio.* Los lógicos más significativos del siglo XIV, como Ockham, Buridan, Burleigh o Alberto de Sajonia son autores de obras con nuevos títulos: *De syncategorematicis, De insolubilia, De consequentiis, De obligatione* (*De arte exercitativa*).

Quiénes son los 'moderni' medievales
A partir del siglo XII se llama '*moderni*' a quienes, como Abelardo, hacían que la dialéctica tendiera a fundirse con la gramática, aproximando la verdad al uso de los nombres. Aunque en muchos textos se identifica a los *moderni* con los aristotélicos, el cambio de siglo del XIII al XIV constituye un punto de inflexión. En la Universidad de París comienza a denominarse *moderni* a los partidarios de la lógica terminista de influencia inglesa, que estaban imponiendo sus tesis sobre los partidarios de la lógica modal realista. Lo cierto es que, todavía en el XIV, *moderni* era una calificación neutral atribuible simplemente a los contemporáneos, dado que aún no estaba formada una escuela 'nominalista', y que, además, la expresión tenía una connotación claramente negativa, pues siempre que se citaba a algún autor contemporáneo era en sentido crítico, aunque también se habla de un argumento moderno en el sentido de actualizado o sutil, rechazando la idea 'antigua' de que las novedades son peligrosas o erróneas.

El propio Ockham critica a los *moderni,* a los que acusa de pretender hacer reales las especies y los géneros, haciendo que los universales se consideren partes esenciales de los seres, lo que traería consecuencias absurdas o heréticas, como que los ángeles tendrían materia y que una misma cosa podría estar al mismo tiempo en diversos lugares. Otras críticas ockhamistas a estos 'modernos' son: que confunden el género con la materia y la diferencia específica con la forma, y que establecen una distinción real entre la substancia de la cosa y cada una de las demás categorías y entre el alma y sus potencias. Todo ello provendría de un mal uso de la doctrina de la suposición.

Incluso en lógica, los teólogos son los francos protagonistas de una serie de profundos cambios doctrinales, metodológicos y pedagógicos, en detrimento de los maestros en artes, de los que apenas se conocen sus actividades hasta la promulgación de los estatutos antiockhamistas (1339-1340). Pero, los teólogos, que habían sido la punta de lanza de la reacción institucional de la Iglesia contra el aristotelismo averroísta, van situándose casi insensiblemente en el punto de mira de una nueva ola de censuras que supondrán, finalmente, una nueva reivindicación del aristotelismo, entendido como el recipiente de la tradición capaz de enfrentarse a las novedades promovidas por los lógicos *moderni*, que amenazaban con sustituir la búsqueda de la verdad por la complacencia en la capacidad de concebir juegos lógicos cada vez más sutiles. Este ambiente explica que, en 1346, el papa Clemente VI exhorte a seguir a Aristóteles y a sus comentadores en los cursos universitarios: *Nam nonnulli magistri et scolares artium et philosophie scientiis insudantes ibidem, dimissis et contemptis philosophi* [Aristóteles] *et aliorum magistrorum et expositorum antiquorum textibus* (*CUP* II, 1891, p. 588).

La génesis de la distinción entre *via antiqua* y *via moderna* puede retrotraerse a los debates en Oxford y París a partir del segundo cuarto del siglo XIV. La introducción de las novedades inglesas en la Universidad de París contribuyó grandemente a comenzar a trazar la división entre las dos *viae*. En esa centuria, el término '*moderni*' era comúnmente usado para referirse a los contemporáneos, como hace el propio Ockham (en quien encontramos expresiones como: *quidam moderni, sancti antiqui, antiqui philosophi, antiqui patres, antiqui et qui erant temporibus doctorum antiquorum*), donde parece que, para Ockham, los antiguos eran las autoridades anteriores al siglo XIII.

A menudo, la antigüedad o modernidad en los medievales no tiene un sentido cronológico, pues Escoto considera a Buenaventura un antiguo porque sigue a Agustín, mientras que Tomás es un moderno porque es aristotélico, aunque ambos son contemporáneos, mientras que Ockham prefiere acogerse a la autoridad agustiniana aunque no la siga, haciendo uso de la posibilidad de hacer un uso literal de un texto y al mismo tiempo negar su sentido, como sucede en el caso de la doctrina ockhamista y agustiniana de la gracia y la libertad. Por el contrario, para autores como Juan de Ripa, si Escoto era *antiquus* y Ockham era *modernus*, se debía a su situación cronológica, no doctrinal.

El apelativo '*moderni*' también se utilizaba a veces para destacar la validez de opiniones propias de un autor en contraste con los errores de sus contemporáneos, pero, durante el siglo XIV nunca se utiliza para denominar a la escuela ockhamista o nominalista específicamente. Como una autor raramente citaba a un contemporáneo si no era para atacarlo, puede deducirse que el término *moderni* tenía resonancias negativas.

Adán Wodeham, que escribía hacia 1330, considera a Escoto como un *antiquus*, mientras que Richard Campsale y Guillermo de Ockham eran *moderni*, pese a ser cercanos en el tiempo. Para Juan de Ripa (ca. 1365) Escoto unas veces es un *modernus* y otras un *antiquus*, pero para la mayoría, Escoto siempre pude ser agrupado con los *antiqui* y Ockham con los *moderni*, lo que parece indicar que se reserva *moderni* para los casi exactos contemporáneos, y hacia la mitad del siglo ya se equilibra el sentido negativo con el positivo cuando se cita a un moderno. En 1332 encontramos en Wodeham una referencia a doctrinas modernas como más sutiles, en un sentido positivo, que las de los antiguos, que comienzan a identificarse con los doctores del XII y el XIII.

Ya al final de la Edad Media Bradwardine no usa la oposición *antiqui/moderni* para definir épocas, sino defensores de la doctrina de la predestinación y justificación que son características de la *via moderna*, Wycliff ve las innovaciones escolásticas de sus contemporáneos como peligrosas y erróneas, y Lorenzo Valla (†1457) se burla de los *moderni*, un vocablo que difícilmente considera siquiera latino, identificando a los *moderni* con las escuelas bárbaras que condenan el uso de la cultura clásica.

En el periodo intermedio entre Bradwardine y Valla se inicia la fundación de las universidades germanas, y se introduce la especialización en alguna de las 'vías' filosóficas. Así Colonia (1338) se especializa en la *via antiqua*, y Erfurt (1392) lo hace en la *via moderna*, mientras que, ya a comienzos de la nueva era, Tubinga (1477) admite ambas vías. La designación depende más de los autores a los que se reconoce como referencias que del momento temporal, pues la *via moderna* de Heidelberg (1386) es denominada también *via Marsiliana*, por Marsilio de Inghen (†1396), mientras que en los estatutos de Wittenberg (1508) se reconocen tres vías, designadas como: *via Thomae, via Scoti y via Gregorii*, por Gregorio de Rimini (†1358).

Podemos concluir que en el XIV no existió una escuela de los *moderni*, y ni siquiera prevalecieron más allá de mediados de siglo las tradiciones tomista, egidianista o escotista, para no reaparecer hasta comienzos del siglo siguiente, al hilo de la emergencia de las dos vías. Cuando se emplea el término *via* (*Gregorii, Thomae, Scoti*) no se hace para designar una escuela en general, sino, simplemente, para identificar una opinión particular sobre un problema. Hasta comienzos del siglo XV no aparecen en documentos universitarios las fórmulas *via antiqua* y *via moderna*, pero no se refieren a escuelas competidoras de seguidores y detractores de Ockham, sino referidas a contemporáneos o anteriores desde el punto de vista temporal. Al final de la Edad Media, concluye Gilson, es general la mezcla y el desorden de las disciplinas en la universidad, donde los maestros trataban los temas teológicos con instrumentos procedentes de la lógica, la metafísica y la gramática, a su vez en competencia entre ellas.

Los maestros universitarios que se dedicaban a la lógica en este periodo se denominaban a sí mismos *moderni*, y comenzaron a distinguir su propia *logica modernorum* de la *logica antiqua*, que comprendía tanta la *vetus*, como la *nova*. La *logica antiqua* estaba fundada sobre los principios metafísicos que dominaban entre los partidarios del naturalismo teológico, como los tomistas (*via realis*), mientras que la *logica modernorum* se basaba en los principios metafísicos nominalistas (*via nominalium*).

Los principales autores a los que se considera pertenecientes a la corriente de la lógica de los *moderni* en el XIV y el XV son: Walter Burleigh (ca.1275-1344/5), Guillermo de Ockham (1285-1347), Robert Holkot (ca.1290-1349), Guillermo de Heytesbury (†1380), Gregorio de Rimini (ca.1300-1358), Juan Buridan (ca.1300-1358), Nicolás de Autrecourt (ca.1300-1358), Ricardo Billingham (ca.1350-60), Alberto de Sajonia (1316-1390), Marsilio de Inghen (ca.1340-1396), Vicente Ferrer (ca.1350-1420), Pedro de Ailly (1350-1420), Pablo de Venecia (1369-1429), Pablo de Pergola (1380-1455).

2. La lógica nominalista

Se considera a Guillermo de Ockham el más importante representante de la *logica nominalista*. Esta nueva lógica no es un mero instrumento –*organon*, como la había denominado el editor del corpus aristotélico– para el conocimiento científico, sino que expone el orden arbitrario de los objetos del conocimiento que establece el ser humano en correspondencia con el orden impuesto por la omnipotencia divina. En la lógica nominalista el signo es una entidad por sí distinta formal y realmente de la otra entidad por sí que es el significado, aunque su correspondencia mutua para nosotros es perfecta.

Ockham elabora sus comentarios y tratados de lógica en el periodo que va de 1321 a 1323:

Expositio aurea super totam artem veterem es un compendio de textos comentados de toda la lógica antigua, de acuerdo con lo que significaba la expresión 'aurea' referida a una *catena* o *expositio* de una sucesión de textos que van exponiendo una cuestión. Se compone de los tratados: *Expositio in libros artis logicae, Proemium et Expositio in librum Porphyrii de Praedicabilibus, Expositio in librum Praedicamentorum Aristotelis* y *Expositio in librum Perihermenias Aristotelis*. Se trata de comentarios a la lógica de Aristóteles sobre el texto del *Isagoge* de Porfirio, que Ockham va comentando párrafo a párrafo, como era común en la enseñanza de la época.

Expositio super libros Elenchorum es un comentario de las *Refutaciones sofísticas* de Aristóteles, en el que se sigue el método habitual en los comentarios medievales de las obras de Aristóteles, exponiendo las diversas formas de sofisma y las reglas de la lógica terminista que se estaba imponiendo sobre la lógica proposicional clásica. Entre otros temas lógicos que luego serán objeto de un desarrollo más amplio, se trata aquí sobre la suposición material, simple y personal.

Summa totius logicae, datada en 1323, es una especie de manual que se divide en tres partes, que tratan de los términos, las proposiciones y los argumentos, ocupándose esta última parte del silogismo en general, el silogismo demostrativo, las consecuencias y las falacias. Ockham escribe esta obra a instancias de su *socius* Adán Wodeham, que es el corresponsal al que se dirige Ockham en el prólogo como quien se la había solicitado.

Otras obras sobre lógica que se le atribuyen a Ockham son tratados sistemáticos condensados a partir de la *Suma de lógica*: *Compendium logicae* o *Tractatus logicae minor* y *Elementarium* o *Tractatus logicae medius*.

La doctrina ockhamista de la *suppositio*

La nueva lógica moderna es 'terminista' porque añade como principal novedad la teoría de las propiedades de los términos, que se distinguen de las propiedades de la lógica proposicional tradicional. El concepto clave de esta nueva lógica es el de suposición (*suppositio*), una noción que aparece cuando la función-sujeto se entiende como la asociación de una función referencial con una función sintáctica (el *officium supponendi*, definido como la capacidad referencial de un término sujeto en tanto que sujeto). El importante papel de la *suppositio*, la cualidad característica de los signos lógicos, consiste en un 'estar-por' la realidad, un ponerse del signo que afirma su substancialidad independientemente de la cosa (*res*) a la que sustituye.

Ockham define la suposición del siguiente modo: 'La suposición se dice que es el ponerse un término en lugar de otra cosa, de tal manera que cuando un término está (*stat*) en la proposición en lugar de alguna cosa, en el sentido en que nosotros utilizamos este término, o el pronombre que lo muestra, en el lugar de alguna cosa –aunque si se trata de un término connotando oblicuamente cuando no es el sujeto de la proposición, es el término que significa directamente el que debe ser verificado– sustituye en la proposición a esta cosa. Y eso es al menos verdadero cuando el término sustituyente es tomado significativamente' (*Summa logicae* I, cap. 63).

La referencia de esta doctrina de Ockham está en la concepción escotista sobre el ser y sus predicados, de la que se deduce que la ciencia del ente, la metafísica o física, es el conocimiento de lo que es de modo necesario, al menos en el mundo creado, ya que el saber del ser mismo está vedado a la razón y solo puede ser alcanzado por la fe. En cambio, para Ockham, la ciencia del ser que posee el hombre *in via*, en estado de caído, es la lógica, es decir, la ciencia de los signos y sus significaciones.

Ockham insiste en que lo que determina el tipo de suposición es, en general, el carácter significativo del signo, esto es, la intención significativa o no de la imposición que determina convencionalmente la naturaleza del signo en relación con la cosa. La significación puede tener cuatro sentidos.

- Una cosa o signo significa otra cosa cuando la sustituye en una proposición en que se afirma algo real de esa cosa en tiempo presente, y puede ser predicada en una proposición verdadera, como 'blanco' puede significar a 'Sócrates', si Sócrates es blanco. En este sentido los nombres solo significan mientras existen las cosas que son significadas por ellos.
- Un nombre significa una cosa cuando ese nombre puede sustituir a esa cosa en una proposición concerniente al presente, el pasado, el futuro o lo posible. En este caso el nombre significa, independientemente de la existencia de la cosa que es significada por él.
- Un nombre concreto puede significar una forma expresada por un nombre abstracto derivado del nombre concreto, aunque no pueda suponer por ella en una proposición, como 'blanco' significa la 'blancura', que es el término abstracto derivado de blanco.
- Un nombre puede significar una cosa de un modo principal o secundario, tanto directamente (*in recto*) como en un caso derivado o en forma de predicado (*in obliquo*), si ese nombre connota la cosa, sea afirmativa o negativamente, como en el caso de 'ciego', que significa algo positivo, que es la negación de la vista. Tanto en el tercer como en el cuarto sentidos se conserva siempre la significación en el segundo sentido, aun cuando la cosa haya cesado de existir.

De acuerdo con estas precisiones, Ockham simplifica considerablemente la teoría de la suposición y distingue tres clases:

- La suposición personal (*suppositio personalis*) consiste en la sustitución que tiene lugar en un enunciado cuando un nombre, en una operación meramente lingüística, se pone en lugar del significado de una cosa concreta tal como es en realidad, como cuando decimos 'Sócrates es animal', pues aquí el término 'Sócrates' se pone en lugar del individuo real significado.

- La suposición es simple (*suppositio simplex*) cuando el nombre sustituye a una intención del alma, esto es, a un contenido meramente mental, que, por lo tanto, es un cierto universal, como cuando decimos 'el hombre es una especie', pues aquí el término 'hombre' es el sujeto en una proposición que lo une con la realidad mental universal genérica 'especie'.

- La suposición es material (*suppositio materialis*) si el nombre se pone en lugar de sí mismo, en cuanto que es una expresión verbal o escrita, como cuando decimos 'hombre' es un nombre, u 'hombre' tiene seis letras.

La lógica hipotética voluntarista

La resistencia que encontraría la lógica de Ockham se debe, en buena medida, al uso de los nuevos recursos lógicos 'nominalistas' en la resolución de problemas metafísicos o teológicos, concretándose en los problemas planteados por la sustitución absoluta de la cosa por el signo lingüístico, que es característica de la suposición personal, que es la más fuerte desde el punto de vista ontológico. Con su oposición a la nueva lógica, el espiritualismo cristiano, que había triunfado ya frente al necesitarismo naturalista, derrotado en las condenas del siglo anterior, trata de hacer frente al logicismo llevado más allá de su función meramente epistemológica, cuando la lógica pretende ser el instrumento privilegiado de comprensión de la realidad.

Para Ockham, la verdad de un enunciado no depende de su adecuación (*adaequatio*) a un hecho o a una acción natural, pues, para que un singular incognoscible (*res*) llegue a ser el objeto común de un acto cognoscitivo, ha de mediar la intervención de la voluntad divina. Ha de suponerse la acción de Dios para que el antecedente del enunciado hipotético se cumpla, momento a partir del cual pueden entrar en consideración las leyes de la lógica apodíctica, con lo que se respeta la forma de los silogismos aristotélicos, aunque el vínculo que se establece entre las premisas y la conclusión cambia de naturaleza.

En la lógica aristotélica, el término medio silogístico que permite pasar de la premisa mayor a la menor, para finalmente ligar los términos menor y mayor en la conclusión, es un concepto natural tomado en toda su extensión a fin de no dejar escapar ningún caso que pudiera invalidar la conclusión obtenida. Mientras que en la lógica clásica aristotélica, era la necesidad de la propia naturaleza la que garantiza que el concepto engloba todos los casos posibles, en cambio, en Ockham, esta necesidad no es la del término medio común que garantiza la verdad de la conclusión obtenida a partir de las premisas, sino el resultado de una decisión arbitraria de Dios que se expresa en el orden determinado que presenta la creación por el poder ordenado de Dios.

La ciencia puede olvidarse de la relación de las premisas y limitarse a las conclusiones, puesto que su validación depende solo del cumplimiento de las condiciones impuestas por la voluntad divina a fin de que el mundo se adapte a la proposición enunciada.

El único límite que tiene el poder absoluto de Dios, reconocido tanto en el voluntarismo escotista como en el ockhamista, es el principio de no-contradicción, que sujeta en sus límites tanto al ser como al querer, incluso en Dios. Así, Dios puede conocer los contradictorios, como también el hombre, pero no puede quererlos simultáneamente. La lógica ockhamista está, por tanto, determinada desde sus fundamentos por la precisión de un acto de voluntad que se decanta por uno de los extremos de una contradicción, por lo que se presenta como una lógica hipotética de la forma si...entonces: *si homo est homo est, si Deus est Deus est,* frente al *homo est homo,* simplemente, de la lógica de tradición aristotélica.

Es su diferente concepción de la verdad lo que explica que, mientras que las proposiciones aristotélicas que sirven de premisas mayores en los silogismos científicos demostrativos son necesarias, al menos con la clase de necesidad que se da en la naturaleza, las proposiciones en Ockham tienen un mero valor hipotético de principio, aunque acaben por tener un valor de verdad más fuerte que el derivado de la necesidad natural, dado que es la voluntad inmutable la que funda la verdad, y no la probabilidad natural, que siempre puede ser interferida por causas colaterales.

La cuestión de la 'virtus sermonis'
En las doctrinas lógico-ontológicas escolásticas se planteaba la cuestión de determinar de dónde procede la fuerza que tienen las palabras o las expresiones lingüísticas en las doctrinas que pretenden explicar determinados hechos.

La expresión '*de virtute sermonis*' no se encuentra antes del siglo xiii. Si se relaciona con la distinción entre el significado literal y los significados derivados de las palabras, sin embargo, su primer uso filosófico se encuentra ya en Aristóteles, cuando distingue entre el uso propio y metafórico del lenguaje, utilizando la expresión '*léxeos aretê*', muy cercana formalmente a la *virtus sermonis* medieval, aunque parece referirse a las propiedades que hacen buena una dicción en un contexto ético, inseparable de su retórica.

Solo en las contribuciones posteriores de los alejandrinos y romanos puede encontrarse ya una clara inclinación hacia una distinción gramatical entre el uso propio y derivado de las palabras, aunque con la intención de declarar la superioridad del primero sobre la base de una relación natural de los nombres con las cosas representadas por ellos, a fin de justificar la precisión en el significado de un nombre, aunque sea por una asignación convencional. Indudablemente los tratados retóricos de Cicerón, Isidoro, Beda o Alcuino debieron haber sido leídos por los lógicos del siglo xiv.

Los efectos de la hermenéutica textual sobre las doctrinas teológicas se percibieron muy pronto en el mundo cristiano y, en particular, la distinción entre el sentido literal y el figurado que determinaba el modo de entender las Sagradas Escrituras. Agustín veía en ello uno de los problemas capitales para la comprensión de los textos sagrados (*De Trinitate*, *De doctrina christiana*, *De dialectica*), y por eso se encuentran en sus obras expresiones para designar estos dos tipos de significación, tales como *ad litteram* o *locutio propria*, para el sentido literal, y *modus locutiorum* o *locutio figurata*, para los sentidos derivados.

En un contexto más puramente lógico y dialéctico, Pedro Abelardo se refiere al debate entre los Padres de la Iglesia sobre el sentido de los términos en los escritos sagrados, señalando que en los asuntos doctrinales es más conveniente remitirse al *usus* o *verborum propria significatio* –sentido propio– que a la *proprietas sermonis* –sentido derivado– de los términos.

A lo largo del siglo xiii, *vis* o *proprietas*, que eran las expresiones utilizadas para designar la fuerza de las palabras cuando se utilizan en sentido literal, fueron siendo sustituidas por *virtus*. La expresión '*de virtute sermonis*' la encontramos ya en Buenaventura, al discutir la cuestión: *Utrum admitti possit haec locutio: Deus generat alium Deum*, que requiere para su comprensión la distinción entre el uso sustantivo y el adjetivo de '*alium*', siendo inadmisible en el segundo sentido, pero aceptable en el primero, pues la expresión podría exponerse como: «'Dios engendra' a otro, que es Dios». Esta distinción, no obstante, aunque es admisible en la interpretación de los textos sagrados en el uso propio del lenguaje, no lo es, afirma Buenaventura, cuando se utiliza el lenguaje en el sentido literal de las expresiones (*de virtute sermonis*). Si bien no se encuentra en Tomás la expresión exacta, su sentido se recoge en expresiones como '*ex virtute vocabuli*', '*ad virtutem vocabulorum*', '*in virtute dictionum*'.

Tales son los antecedentes con los que cuenta Ockham, en cuya época, sobre todo entre los autores ingleses como Ricardo de Campsall, se irá haciendo común la distinción entre el *usus loquendi* y la *virtus sermonis*, para determinar la verdad o falsedad de una proposición.

El contexto en que tiene lugar en el xiv la aplicación de esta distinción es el de una amplificación del uso general del método de las distinciones en la enseñanza universitaria, debido a la amplitud que habían adquirido nuevas formas de ejercicio escolar en las que se requería de una extraordinaria sutileza tanto para defender las propias posiciones como para atacar las del oponente. Destacan en este apartado la distinción entre el punto de vista del poder ordenado y el absoluto de Dios, y, ya en el campo más estrictamente lógico, las distinciones entre el sentido dividido y el compuesto, entre las diversas formas de suposición y la distinción en el lenguaje, entre su uso común y su fuerza literal.

Las autoridades tradicionales prescriben que para determinar la verdad o la falsedad de un enunciado se distinga solamente entre un sentido verdadero y un sentido falso, dado que la fuerza de las expresiones procede de la imposición (*impositio*) de sus significados y sentidos, que, en los textos académicos, depende del uso común de las autoridades, por lo cual es necesario tener en cuenta el contexto en que las autoridades utilizan una determinada expresión. Es el caso de la utilización de términos y expresiones que superficialmente pueden parecer equívocos en los textos sagrados, y que correrían el riesgo de ser declarados absolutamente (*simpliciter*) falsos.

En cambio, Ockham subraya la dificultad de precisar el sentido de los textos teológicos sin estar pertrechado de los correspondientes instrumentos lógicos y dialécticos: los textos tienen un significado objetivo que depende de su literalidad (las *proprietates sermonis*), que no es relativo ni a la materia tratada (*materia subjecta*) ni a la intención subjetiva de su autor (*intentio auctoris*). Este método de lectura es coherente con los cambios en la enseñanza propiciados por la utilización de nuevas formas de disputa y por la aplicación del principio de la *potentia Dei absoluta*, que permiten la aparición de cadenas axiomáticas paralelas válidas formalmente, sin cuestionarse sobre la validez real de las doctrinas que se deducen de esos 'juegos' lógicos.

La doctrina de los universales en el siglo XIV

Bajo la impronta del nominalismo, en el siglo XIV se retomó con fuerza el debate sobre los universales, que se había comenzado a tratar en el XII, dando lugar a visiones diversas dependientes de las respectivas concepciones metafísicas y teológicas. Las principales posiciones son las siguientes:

- *Duns Escoto*. Los universales existen realmente y son significados por los nombres abstractos, como la 'humanidad', que es la forma causal que hace que todo hombre sea hombre, o la 'blancura' por la que el hombre es blanco, sin que por ello la humanidad sea hombre ni la blancura sea blanca.

- *Pedro Aureolo.* El universal es el ser objetivo (*esse obiectivum*) del que una cosa está dotada en el alma, siendo la imagen verdadera (*vera similitudo*) de la cosa o de una pluralidad de singulares existentes realmente.
- *Gil de Roma.* La misma cosa exterior es intrínsecamente singular y extrínsecamente universal, paronímicamente por denominación extrínseca, según una intención universal del alma.
- *Gregorio de Rímini.* El universal es el *significabile complexe* o complejo significable que adopta la forma de un enunciado en infinitivo. Gregorio funda una especie de realismo de los objetos ideales, en el que las cosas singulares son contingentes, pues su existencia depende de la voluntad de Dios, de modo que la ciencia no puede versar sobre ellas, no puede componerse de nombres propios, sino que remite a estructuras conceptuales en las que se constituye el objeto y que se enuncian en forma de expresiones complejas, proposiciones infinitivas como *Socratem esse album*, el hecho u objeto formal: 'Sócrates ser blanco'.
- *Enrique de Harclay.* Antecedente de Ockham, reflexiona sobre la distinción entre singularidad, particularidad y universalidad. Sostiene que solo existen las cosas singulares, de modo que los conceptos mentales que se forman sobre los singulares son de dos tipos: *distintos* cuando permiten distinguir un individuo de otro; *confusos* cuando no lo permiten, así que un universal no es más que un concepto confuso, como 'hombre', mientras que el particular 'Sócrates' es un concepto distinto, y ambos conceptos designan la misma identidad singular 'Sócrates es Sócrates', distinguiéndose su sentido solo por la razón.
- *Juan Buridan.* Ningún universal existe en la realidad (*in rerum natura*), pues el universal es un signo que supone por una pluralidad de cosas de una manera confusa.
- *Walter Burley.* Afirma la existencia de una jerarquía que se inicia en la estructura del mundo real, sigue en los conceptos que remiten a ella y finaliza en los signos lingüísticos, de manera que el significado de cada término categoremático tiene un hecho real correspondiente, que es la *propositio in re*, de modo que los universales son inherentes a los singulares (*ipsis inexistentia*) y pueden ser indiferentemente designados (*signari*) por nombres concretos o por nombres abstractos, aunque en un modo de predicación formal esencial.
- *Los realistas de Oxford.* Autores como Juan Sharpe, Guillermo Milverley o Juan Tarteys afirmarán que la *praedicatio a parte rei* (real) es primitiva respecto de la *praedicatio terminorum* (lingüística), con lo que

creen respetar estrictamente el paralelismo aristotélico entre la realidad y el lenguaje, pues, como subraya Milverley, ser predicado realmente (*praedicari a parte rei*) es ser realmente (*realiter esse*), mientras que la predicación lógico-lingüística (*praedicatio a parte terminorum*) es solo el signo de una predicación real.

- *Guillermo de Ockham.* El universal no es un objeto sino una operación mental que remite a una pluralidad de objetos singulares, acto que es un accidente cuya existencia en el alma es meramente subjetiva y de ningún modo intencional. Esta cualidad subjetiva que es el concepto mantiene una relación de semejanza (*similitudo*) con las cosas que representa; esta semejanza es una relación de significación natural, constituyendo proposiciones mentales de las cuales el lenguaje hablado y escrito son derivaciones convencionales.

Ockham afirma que el nombre significa la cosa misma directamente y no a través del concepto, por la simultaneidad de la voz y del acto mental de intelección. Al negar la realidad del concepto, Ockham ha de completar su nominalismo con el psicologismo, que no le concede al concepto otra realidad que la del alma que lo concibe, reduciéndose a ser una mera operación mental, y careciendo de cualquier otro fundamento real que no sea el puro acto psicológico de intelección.

Es en las consecuencias en el debate metafísico y teológico de esta doctrina nominalista donde aparecen los puntos más conflictivos desde el punto de vista doctrinal, lo que puede ayudar a entender en gran parte los motivos de la censura de sus ideas. En efecto, a partir de su concepción nominalista Ockham le niega el carácter demostrativo a la mayor parte de los argumentos metafísicos concernientes al alma humana o a Dios mismo. No se puede demostrar que el hombre posea un alma inmortal, ni tampoco la existencia separada dentro de ella de facultades distintas, como el entendimiento y la voluntad, y ni siquiera es posible demostrar filosóficamente la existencia de Dios o la realidad de atributos divinos tales como la unicidad, eternidad, infinitud, omnipotencia, capacidad de crear a partir de la nada, etc. La verdad de proposiciones tales como las relativas a la inmortalidad del alma o a la existencia de Dios es únicamente conocida por la fe, y cualquier argumentación que el filósofo pueda elaborar para apoyarlas habrá de contentarse con ofrecer solo una mayor o menor probabilidad.

En consecuencia, para Ockham, la imposibilidad de la razón para adentrarse en terreno teológico es casi completa, sus certidumbres metafísicas son solo probables y su conocimiento de los hechos físicos no la exime finalmente de tener que apuntalar hasta la menor de sus predicciones sobre la voluntad omnipotente de Dios.

3. La corriente nominalista post-ockhamista
La corriente ockhamista se ha identificado habitualmente con el nominalismo lógico-filosófico. Convencionalmente, se ha hablado de diversas clases de nominalismos: nominalismo moderado u ockhamista de Pedro de Ailly o Gabriel Biel; nominalismo radical o modernista de Robert Holkot, Nicolás de Autrecourt, Juan de Mirecourt o Adán Wodeham; nominalismo histórico-crítico de los defensores del *significabile complexe* de Gregorio de Rimini; y nominalismo no ockhamista de autores como Juan Buridan, Alberto de Sajonia o Marsilio de Inghen.

En realidad, ninguno de los contemporáneos de Ockham le denominó 'nominalista', un término que en el siglo XII designaba únicamente una determinada posición en la cuestión de los universales, de modo que cuando los términos '*nominales*' y '*opinio nominalium*' se utilizan en el XIII se limitan a describir esa misma calificación que era común en el siglo anterior. Pero hacia 1270 estos términos ya no se usaban y solo se reintroducirán en el siglo XV para designar un determinado modo de enseñar lógica, y se reconoce la existencia de una 'escuela nominalista' a la que pertenecerían, entre otros, Ockham, Gregorio de Rimini, Juan Buridan, Pedro de Ailly, Marsilio de Inghen, Adán Dorp, Alberto de Sajonia o Gabriel Biel. (Decretos reales de Francia de 1 de marzo de 1474 y 30 de abril de 1481).

Cuando el 'nominalismo' se reduce a ser una doctrina epistemológica que casi exclusivamente defiende la tesis de que los universales son 'nombres', se enfatizan las sutiles diferencias entre los pensadores sin percibir las líneas de comunicación entre ellos. Ya en el siglo XV la hegemonía franciscana durante el siglo XIV hizo que se apreciaran más unas diferencias de escuela que, más tarde, con la formación de un tomismo escotista y viceversa, fueron vistas como muy secundarias, mientras que la formulación de la escuela 'nominalista' se debe a la *via moderna* de las universidades del siglo XV. Aunque cada orden religiosa tenía sus propios maestros, pues los dominicos seguían a Tomás de Aquino, los franciscanos a Buenaventura, y los agustinos a Gil de Roma y Gregorio de Rimini, también otros factores influyen notablemente en la conformación de las escuelas escolásticas, como las particularidades de cada universidad, y, así, los dominicos de Colonia se vieron muy influidos por la *via antiqua*, mientras que en Erfurt o Viena respondieron mejor a la *via moderna*. Por ello, entre otros motivos, resulta algo confusa la adscripción a las 'escuelas' o a las 'tradiciones' en el siglo XIV, lo que se aplica tanto a la etiqueta de 'nominalismo' como a la de 'ockhamismo', aunque su utilización sigue siendo común en la terminología histórica.

Las novedades asociadas a Ockham en relación con la utilización de procedimientos lógicos en el discurso teológico fueron acogidas en París, de un modo especial por Gregorio de Rimini, que probablemente había tomado contacto con ellas en las escuelas del norte de Italia, que mantenían comunicación con Oxford, aunque también es posible que entrara en contacto con estos escritos en la misma ciudad, probablemente a través de la escuela cisterciense de San Bernardo, que mantenía relaciones con Inglaterra.

Gregorio rechaza tanto la *distinctio realis* de los tomistas como la *distinctio formalis* de los escotistas, en favor del *complexe significabile*, una doctrina crítica con la afirmación de Ockham de que el objeto de conocimiento es la proposición, o más específicamente la conclusión de una demostración. Contra esta doctrina Chatton también afirmaba que el objeto de conocimiento es la cosa a la que se refiere la proposición, mientras que para Crathorn es el complejo significado (*complexe significabile*) de la proposición, idea que fue desarrollada por Wodeham como *significatum totale conclusionis*.

Un caso peculiar dentro de la corriente nominalista fue el de Juan Buridan. Las referencias a Buridan que aparecen en la documentación disponible se reducen a: en 1328 se lo menciona como *vir venerabilis et discretus*, siendo rector de la Universidad de París; en 1329 y 1330 recibió sendos beneficios del papa Juan XXII; en 1339 firmó una condena de doctrinas supuestamente ockhamistas; y en 1340 figura de nuevo como rector de la Universidad de París. Además del ejemplo del 'asno de Buridan', que no aparece en el autor, sino en Espinosa (*Ethica* II, prop. 49, scholium), también son apócrifas las referencias a sus supuestos amoríos con la reina de Francia, aribuidos por Villon, y haber sido fundador de la Universidad de Vienne. Parece, sin embargo, probado que siempre fue maestro en Artes, contra la máxima habitual: *non est consenescendum in artibus*.

Por último, quienes hablan de la existencia de un 'ockhamismo radical' suelen considerar su protipo al dominico inglés Robert Holkot, pues la historiografía ha creado la imagen de un Holkot seguidor, pero más extremista que el cuidadoso Ockham. Durante dos siglos el interés por Holkot debió ser mayor que el que despertaban Rimini y Ockham, y continuaba siendo leído en los *studia*, lo que explica que se siguieran copiando y citando sus manuscritos. Nos referiremos más tarde a su peculiar modo de aplicar el método de la disputa obligacional a la resolución de cuestiones teológicas.

4. La teoría de las consecuencias

Con su trabajo sobre la noción de consecuencia los medievales trataron de explicar las formas de argumentación que estaban al margen del silogismo aristotélico. Mientras que en la *logica vetus* se estudian muy poco los silogismos modales, en la *logica nova* se elabora la distinción entre consecuencias asertóricas y modales, lo que permite producir una teoría más elaborada de las consecuencias, que será más sofisticada y de uso más amplio en el xiv. La teoría de las consecuencias del xiv se expone fundamentalmente en tres obras: *De puritate artis logicae* de Walter Burley (1275-1345), *Summa logicae* de Guillermo de Ockham (1287-1347), y *Tractatus de consequentiis* de Juan Buridan (1300-1360).

En la antigüedad los silogismos pertenecían a dos tradiciones distintas: aristotélica y estoica. En el siglo xiii la consecuencia se subsume en el silogismo, por ejemplo, Alberto Magno trata la lógica hipotética como una forma de lógica silogística. En cambio, en los lógicos del xiv el silogismo pasa a ser una de las formas de consecuencia, explicándose la necesidad de la teoría de las consecuencias porque el silogismo no basta para explicar otras formas razonamiento, como los entimemas, la probabilidad, o las inducciones, de modo que el silogismo se subsume en la consecuencia, cuya característica principal es que relaciona proposiciones completas, no oraciones que pueden analizarse en sus términos componentes.

La teoría de las consecuencias tal como se entiende en el xiii proviene de varias fuentes: la teoría de los entimemas de *Tópicos* y *Primeros analíticos* de Aristóteles, los comentaristas de Aristóteles antiguos, las doctrinas megárico-estoicas, Cicerón y el tratado sobre los silogismos hipotéticos de Boecio. En Pedro Hispano es un agregado de la silogística aristotélica, como una derivación de los silogismos probables o entimemas, que se entienden de dos formas:

- un silogismo cuya premisa mayor es un signo o es probable: 'Todos los jueces son justos, luego este juez es justo';
- un silogismo truncado al que le falta una premisa: 'Todos los hombres corren, luego Sócrates corre'.

El término *consequentia* deriva de las expresiones verbales *sequi* o *consequi*, 'seguirse', que hace referencia a una sucesión, traduciendo con *Boecio* la expresión aristotélica ἀκολούθησις. La inferencia, el condicional y la consecuencia o la proposición hipotética no tienen límites definidos en las diferentes escuelas. De un modo general podemos hacer las siguientes distinciones:

- La inferencia es la noción más general, pues indica un procedimiento que expresa que una cosa se deriva de otra sin más precisión.
- Las consecuencias son válidas o inválidas porque pertenecen a la formalidad lógica dependiente de reglas.
- Los condicionales son verdaderos o falsos porque se refieren a la adecuación a la realidad. La proposición condicional se define por la ley: si el antecedente de un condicional es verdadero también debe serlo el consecuente (*modus ponens*).
- La proposición hipotética está compuesta de otras categóricas (no-compuestas-simples).

Un ejemplo de proposición condicional es: 'si es hombre entonces es racional'; de consecuencia o inferencia hipotética: 'si el hombre corre, entonces el animal corre'. El condicional se caracteriza por el signo (*nota*) *si*; la consecuencia por la *nota: sequitur*, la relación causal por la *nota quia*; la inferencia por la *nota igitur*.

Condicional: *si* (si): Si A, entonces B
Consecuencia: *sequitur* (se sigue de): De A se sigue B
Causalidad: *quia* (porque): B porque A
Inferencia: *igitur* (por lo tanto): A, por lo tanto B

En el XIV la consecuencia se amplía desde la proposición, que emplea las notas *si, ergo, et, vel* (siendo verdadera o falsa), a la argumentación, empleando las notas *valet* o *tenet, igitur* (siendo correcta o incorrecta, *bona vel mala*), y refiriéndose a la validez de la consecuencia con las expresiones: *valet consequentia, est bona consequentia*. La teoría de las *consequentiae* funda los demás tratados que componen la lógica de los modernos.

En una consecuencia, entre antecedente y consiguiente debe haber *similis modus significandi formalis*, para lo cual en ambas partes de la condicional se tienen que cumplir las siguientes condiciones: igualdad de cualidad y cantidad, igualdad en la copula proposicional e igual situación de terminos categoremáticos y sincategoremáticos.

Hay dos clases principales de consecuencia, formal y material:

- La *consequentia formalis* exige en *antecedens* y *consequens*: *similis habitudo* (toda consecuencia que tenga la misma forma debe ser válida).
- La *consequentia materialis* exige en *antecedens* y *consequens*: *similis habitudo* y *simile significatum*, esto es, que un consecuencia que tenga la

misma forma, para ser valida, también tenga equivalencia en su materia significada, p. ej.: de la consecuencia 'corre un humano, luego corre un animal' siendo válida, no se puede concluir que sea válida una consecuencia con la misma forma: 'corre un humano, luego corre una piedra'.

Esta distinción funda dos tipos de lógica:

- *Logica minor*. Es una lógica formal: razonamiento formalmente correcto, porque es verdadera la *illatio*.
- *Logica maior*. Considera las condiciones materiales del razonamiento verdadero, cuando son verdaderos el antecedente y el consecuente.

Los autores: Pedro Hispano, Juan Buridan, Pablo de Venecia
La evolución en la teoría de las consecuencias puede ejemplificarse esquemáticamente en la forma en que la presentan tres autores: Pedro Hispano (s. XIII), Juan Buridan (s. XIV) y Pablo de Venecia (s. XV).

a) *Pedro Hispano* distingue entre proposición hipotética y condicional:
- La *proposición hipotética* es aquella que tiene dos categóricas como partes principales, p. ej.: 'si el hombre corre, un animal corre'. Las proposiciones hipoteticas se dividen en: condicional, copulativa, disyuntiva.
  - La *proposición condicional* es aquella en la que se unen dos categoricas por la conjuncion *si*, como: 'si el hombre corre, el hombre se mueve'. La proposición categórica a la que se une inmediatamente la conjuncion *si*, se llama antecedente, y la otra consecuente.
  - La *proposición copulativa* es aquella en la que se unen dos categoricas por la conjuncion *y*, como: 'Socrates corre y Platon discute'.
  - La *proposición disyuntiva* es aquella en la que se unen dos categoricas por la conjuncion *o*, como: 'Socrates corre o Platon discute'.

b) *Juan Buridan* en su *Tratado de las consecuencias* define la consecuencia como una proposición compleja, que está compuesta por varias proposiciones unidas por la expresión (*nota*) 'si' (*si*), 'luego' (*ergo*) u otra similar. Las principales distinciones son las siguientes: Proposición es '*oratio verum vel falsum significans*'. Se divide en:
- *Categorica*. Predicativa: un sujeto, un predicado: '*homo currit*')
- *Hypothetica*. *Suppositiva*: dos sujetos, dos predicados; contiene dos proposiciones categóricas. Se divide en: *conditionalis, copulativa, disiunctiva, causalis*.

- *Conditionalis.* Dos proposiciones categóricas unidas por la conjunción 'si': 'si homo est animal est'. Su regla es: *antecedens non possit esse verum sine consequente (modus ponens).*
- *Copulativa.* Dos proposiciones categóricas unidas por la conjunción: 'et'. Su regla es: *utramque categoricam esse vera* (las dos partes de la conjunción deben ser verdaderas); así, es verdadera: 'deus est et homo est animal'; pero es falsa: 'caelum movetur et asinus est capra'.
- *Disiunctiva.* Dos o varias proposiciones categóricas unidas por la conjunción 'vel'. Su regla es: *una pars sit vera* (al menos una parte de la disyunción debe ser verdadera): 'omnis homo currit vel omnis asinus est capra'.
- *Causalis.* Dos proposiciones categóricas unidas por la conjunción: 'quia'. Su regla es: *antecedens sit causa consequentis* (el antecedente debe ser la causa real del consecuente): 'dies est quia sol lucet super terram' (nótese que la causa es la segunda proposición, no la que ocuparía el lugar habitual del antecedente).

Juan Buridan expone también su concepción de las proposiciones modales que son determinantes para la evolución de la teoría de las consecuencias:

- *Propositio modalis.* Definición de modo: 'modus est determinatio adiacens rei'. Hay que observar la influencia del nominalismo, pues *res* no equivale a *ens*, sino que *res* es *terminus significativus.* La determinación debe ser adyacente al verbo o cópula: 'homo de necessitate est animal'.
- Los modos son: *'possibile', 'impossibile', 'necessarium', 'contingens', 'verum' et 'falsum'.*

En Buridan también encontramos la reducción del silogismo a la consecuencia: La definición de silogismo traduce la definición aristotélica: 'Syllogismus est oratio in qua quibusdam positis necesse est aliud accidere per ea quae posita sunt'.

Los principios del silogismo son: *dici de omni, dici de nullo,* reglas del universal afirmativo y negativo:

- *Dici de omni est quando nihil est sumere sub subiecto de quo non dicatur praedicatum;* ej.: 'omnis homo est mortalis'.
- *Dici de nullo est quando nihil est sumere sub subiecto a quo non remoueatur praedicatum;* ej.: 'nullus homo est immortalis'.
- El silogismo puede reducirse a una proposición hipotética condicional. Une dos premisas a una conclusión por la conjunción: 'ergo'; ej.: 'omne animal est substantia, omnis homo est animal; ergo omnis homo est substantia'.

c) *Paulus Venetus* define la inferencia del siguiente modo: 'Una inferencia es el paso (*illatio*) adecuado a un consecuente desde un antecedente': p. ej.: 'El hombre corre, por lo tanto, el animal corre'. Antecedente es la proposición que precede al signo de inferencia (*notam rationis*), p. ej.: 'El hombre corre'; y consecuente es lo que sigue al signo de inferencia, p. ej.: 'El animal corre'.

El signo de inferencia se dice 'por lo tanto' (*ly ergo*) o 'por consiguiente' (*ly igitur*).

En relación con las proposiciones hipotéticas, las principales distinciones que expone en su *Logica parva* son las siguientes:

- Oración es una expresión compleja cuyas partes significan algo por separado: p. ej.: 'hombre blanco'.
- Una proposición es una oración indicativa que significa que algo es verdadero o falso; p. ej.: 'un hombre corre'.
- Una proposición categórica es aquella que tiene un sujeto, una cópula y un predicado como sus partes principales, p. ej.: 'Un hombre es un animal'
- Las proposiciones categóricas se dividen en:
  - afirmativas y negativas;
  - verdaderas y falsas;
  - posibles e imposibles;
  - contingentes y necesarias;
  - las que presentan alguna cantidad y las que no;
- Una proposición hipotética es aquella que contiene distintas categóricas unidas por un signo de condición, de conjunción, o de disyunción o de signos equivalentes.

Las reglas de las consecuencias

Ockham distingue dos tipos de consecuencias: *simpliciter*, que son válidas necesariamente (p. ej.: 'si es hombre, es racional'); y *ut nunc*, que lo son en algún tiempo determinado (p. ej.: 'si todo animal corre, entonces Sócrates corre', que es válida solo mientras Sócrates existe).

Ockham recibe y amplía hasta once las reglas de las consecuencias que se habían establecido a partir de los trabajos de las escuelas dialécticas del siglo XII, siguiendo de cerca el *De Puritate artis logicae* de Walter Burleigh. Algunas de ellas procedían de *Tópicos*, como *necessarium sequitur ad quodlibet; ex impossibili quodlibet sequitur*:

- lo falso nunca se sigue de lo verdadero;
- lo verdadero puede seguirse de lo falso;

- si una consecuencia es válida, la negación de su antecedente se sigue de la negación de su consecuente;
- cualquier cosa que se siga del consecuente se sigue del antecedente;
- si el antecedente se sigue de una proposición, el consecuente se sigue de lo mismo;
- lo que está con el antecedente también está con el consecuente;
- lo que repugna al consecuente también repugna al antecedente;
- lo contingente no se sigue de lo necesario;
- lo imposible no se sigue de lo posible;
- de lo imposible se sigue cualquier cosa;
- lo necesario se sigue de cualquier cosa.

Cuando los lógicos contemporáneos redescubren la lógica medieval, elaboran una notación simbólica que establece un cálculo. Las principales reglas de la consecuencia en notación simbólica son las siguientes: (símbolos usados –*notae* de los medievales–): negación ¬, conjunción ∧, disyunción ∨, condicional →

modus ponens	*simplificación*
1. $\quad$ p → q	1. $\quad$ p ∧ q
2. $\quad$ p	2. $\quad$ p
--------------------	--------------------
3. $\quad$ q	1. $\quad$ p ∧ q
	2. $\quad$ q
modus tollens	
1. $\quad$ p → q	*Leyes interdefinición de la disyunción y la conjunción (leyes de Morgan)*
2. $\quad$ ¬q	¬ (p ∧ q)
--------------------	--------------------
3. $\quad$ ¬p	¬ p ∨ ¬q
silogismo disyuntivo	
1. $\quad$ p ∨ q	¬ (p ∨ q)
2. $\quad$ ¬p	--------------------
--------------------	¬ p ∧ ¬q
3. $\quad$ q	
1. $\quad$ p ∨ q	
2. $\quad$ ¬q	
--------------------	
3. $\quad$ p	

5. Falacias y sofismas

Fallacia es una traducción de la palabra griega *'sophisma'*, que introdujo Boecio en su comentario al libro *De interpretatione* de Aristóteles. Las falacias son engaños producidos en la mente por una falsa consecuencia (paralogismo). En general, se denomina 'falacias' a los principios del silogismo sofístico. El primero que utiliza el término *'fallacia'* en el sentido lógico es Jacobo de Venecia en un comentario perdido a *Elencos sofísticos*. La definición de Pedro Hispano es: 'La falacia es la capacidad de hacer creer que lo que no es, es' (*Fallacia est idoneitas faciendi credere de non ente quod sit ens*). Mientras que, en aplicación del principio de economía, Ockham la define así: *'fallacia est apparentia sine existentia'* (*Summ. Log.* VII, 3). Por su parte, Buridan en su *Tratado de las consecuencias*: 'Falacia es el intento de engañar a un inexperto en argumentaciones sofísticas (*deceptio imperiti artis sophisticae*)'.

Clases de argumentos

En *Tópicos* y *Refutaciones sofísticas* Aristóteles distingue cuatro géneros de argumentos en la discusión: didácticos, dialécticos, peirásticos y erísticos, definiéndolos del siguiente modo:

> Son didácticos los que prueban a partir de los principios peculiares de cada disciplina y no a partir de las opiniones del que responde; dialécticos los que prueban la contradicción a partir de cosas plausibles; peirásticos o tentativos, los construidos a partir de cosas que resultan plausibles para el que responde; erísticos, los que, a partir de cosas que parecen plausibles, pero no lo son, prueban o parece que prueban (*Sobre las refutaciones sofísticas*, 165b ss.).

Dado que, para Aristóteles, el diálogo y el debate tenían una función esencialmente educativa y social, las clases de argumentos empleados en la discusión adoptan los siguientes puntos de vista:

- Didácticos: punto de vista del maestro.
- Peirásticos: punto de vista del discípulo (diálogo socrático).
- Dialécticos: punto de vista de los dos contendientes.
- Erísticos o sofísticos: punto de vista contrario al de los argumentos científicos (didácticos).

En su *Tratado de las consecuencias*, Buridan adapta este texto aristotélico al contexto de la *disputatio* medieval: 'Una disputa es un acto argumentativo en que el *opponens* trata de obtener el fin (*finis*) de colaborar con el *respondens* para alcanzar la verdad o competir para conducir al *respondens* a una posición inaceptable (*inconveniens*)'.

Hay cuatro clases de disputas:

- *Doctrinalis*: el maestro y el discípulo buscan la consecución de la ciencia por el discípulo. Parte de los principios de una ciencia.
- *Temptative*: comprobar el conocimiento o ignorancia del discípulo (*respondens*). El *respondens* ignora los principios de la ciencia.
- *Dialectica*: dos contendientes que debaten a partir de opiniones probables, para decidir cuál es la más probable. Su fin no es vencer, sino colaborar (*concordare*) en la búsqueda de la verdad.
- *Sophistica*: sirve al fin propio de uno de los participantes buscando dañar al otro, sin atención a la verdad. El *opponens* parece obtener la victoria frente al *respondens*, pero no la obtiene, porque utiliza argumentos formal o materialmente falsos (argumentos sofísticos).

Las clases de argumentos sofísticos

En general desde los tratados del siglo XIII se llamaron *fallaciae* a las trece clases de argumentos aparentes que se encuentran en las *Refutaciones sofísticas* de Aristóteles. En esta obra, Aristóteles los divide en dos grupos que son el modelo de las teorías medievales de los sofismas:

a. *En función de la expresión*: la homonimia, la ambigüedad, la composición, la división, la acentuación y la forma de expresión.

b. Al margen de la expresión: en función del accidente, decir de manera absoluta, o no absoluta sino bajo algún aspecto, en función del desconocimiento de la refutación, en función de la consecuencia, asumir la proposición que al principio se ha propuesto probar, poner como causa lo que no es causa, convertir varias preguntas en una.

Los medievales reciben esta teoría aristotélica e introducen nuevos ejemplos:

a) *in dictione: aequivocationis, amphiboliae, compositionis, divisionis, accentus et figurae dictionis*.

- *Equivocación*: todo can corre - una estrella es el can - luego una estrella corre. Los que son obispos (*episcopi*) son sacerdotes - estos asnos son *episcopi* (del obispo) - luego estos asnos son sacerdotes.
- *Anfibología*: la mujer que salvó, condenó - luego la misma mujer que salvó, condenó. Falso: Eva condenó - María salvó.

- *Composición y división*: el que está sentado puede pasear (dividido-verdadero: puede [el que está sentado pasear); puede el que está sentado pasear (compuesto-falso). Algo contingente es necesario que sea verdadero (compuesto-verdadero)-luego [algo contingente es necesario] que sea verdadero (dividido-falso).

A estos ejemplos, los medievales añaden algunos especialmente significativos, como: en sentido compuesto es verdadero, si afecta a la omipotencia divina que hace de la verdad de lo contingente algo necesario: *algo contingente es necesario que sea verdadero*; pero en sentido dividido es falso, pues es contradictorio el par: contingente-necesario: [algo contingente es necesario] que sea verdadero.

- *Acento*:
    es justo *pendére* (*elogiar*) a los justos / es justo pendere (*colgar*) a los justos.
- *Figura de dicción*: engaño por semejanza de las palabras:
    toda substancia es coloreada;
    la cabra es una substancia;
    luego la cabra es coloreada.
    En Aulo Gelio encontramos el siguiente ejemplo:
    tú no eres el mismo que soy yo;
    es así que yo soy hombre
    luego tú no eres hombre.
    El Sofisma está en la palabra 'yo', que en la mayor significa persona individual y en la menor naturaleza humana.

b) *Extra dictionem* o extralingüísticos. Son sofismas relativos a las cosas significadas por los nombres (*ex parte rerum per verba significatum*): *ignorantia elenchi, petitio principii, accidentis, secundum non causa ut causam, secundum quid et simpliciter, secundum plures interrogationes ut unam, de consequentis.*
- *Accidentis*: infiere algo como conveniente a un sujeto, porque le conviene a su accidente.
    el hombre es especie
    Sócrates es hombre
    luego Sócrates es especie

    el animal es asno
    el hombre es animal
    luego el hombre es asno
- *Secundum quid/ simpliciter*. Aristóteles pone este ejemplo: *el etiope, que es completamente negro, es blanco de dientes: luego es blanco y no blanco.*

Un ejemplo medieval es: *si la ceguera es un mal, entonces la ceguera es,* cuando, en realidad, la ceguera no tiene ser (*simpliciter*) sino que tiene ser solo en cuanto privación (*secundum quid*).

- *Petitionis principii:* se afirma lo mismo que se quiere demostrar.
- *Consequentis:* es un falso *modus ponens* o *modus tollens.*

    si p entonces q luego *si no p, entonces no q*

- *Non causa pro causa* o de falsa causa. *Post hoc ergo propter hoc:* se toma como causa aquello anterior al efecto.
- *Plurium interrogationem.* Reunión de varias cuestiones en una sola: *¿Son todas las cosas buenas o malas?*
- *Ignoratio elenchis:* no entender de modo preciso la tesis que está en cuestión por desconocimiento de los tipos de sofismas. Por ej.: sofisma oculto del *quaternio terminonum* o del cuarto término, que consiste en usar el término medio en la premisa mayor de un silogismo con una significación distinta que en la menor:

    'Mus' (el ratón) es una sílaba

    el ratón roe el queso

    luego la sílaba roe el queso

En las *Summulae*, Pedro Hispano, pone entre otros, los siguientes ejemplos de cada uno de los argumentos sofísticos en forma silogística:

a. *In dictione*
   - *Aequivocationis*

       todo can es capaz de ladrar

       pero alguna constelación es can

       luego alguna constelación es capaz de ladrar

       todo lo que corre, tiene pies

       el Sena corre

       luego el Sena tiene pies
   - *Amphiboliae*

       todo lo que es de Aristóteles, es poseído por Aristóteles

       este libro es de Aristóteles (*ha sido escrito*)

       luego este libro es poseído por Aristóteles

       quicumque sunt episcopi (obispos), *sunt homines*

       isti asini sunt episcopi (del obispo)

       ergo isti asini sunt homines

- *Compositionis*

  'todo lo que vive siempre existe': proposición falsa en sentido compuesto. Todo lo que vive [siempre existe], aunque sería verdadera en sentido dividido: [todo lo que vive siempre] existe.
- *Divisionis*

  'todo animal es racional o irracional': (hay que entenderlo en sentido compuesto, como disyunción inclusiva: todo hombre es [racional o irracional], pues en sentido dividido, como disyunción exclusiva [todo hombre es racional] o [todo hombre es irracional] da lugar al sofisma:

  pero no todo animal es racional

  luego todo animal es irracional
- *Accentus*

  tú eres el que eres [*qui es*]

  pero la quietud [*quies*] es reposo

  luego tú eres reposo
- *Figurae dictionis*

  'ser filósofo es una cualidad del hombre': 'hombre' puede referirse a la humanidad o este hombre [Sócrates]

  toda agua es húmeda

  el río es agua

  luego el río es húmeda

  cuanto compraste, te lo comiste

  pero lo compraste crudo

  luego crudo te lo comiste

  Corisco es distinto de Corisco el músico

  pero Corisco el músico es Corisco,

  luego Corisco es distinto de Corisco.

b. *Extra dictionem*
   - *Ignorantia elenchi*

     el hombre es especie

     ningún hombre es especie

     luego lo mismo [*el hombre*] es especie y no es especie
   - *Petitio principii*

     el animal racional mortal corre

luego el hombre corre

Platón es hijo de Sócrates
luego Sócrates es padre de Platón
- *Accidentis*
    el asno es animal
    el hombre es animal: *la animalidad no es un accidente igual en el hombre y el asno*
    luego el hombre es asno
- *Secundum non causa ut causam*
    el sol está en Cáncer
    Sócrates corre
    Luego Sócrates corre porque el sol está en Cáncer

    es de día
    Sócrates corre
    luego Sócrates corre porque es de día.
- *Secundum quid et simpliciter*
    el etíope es blanco de dientes
    luego el etíope es blanco

    este ayuna en Cuaresma
    luego ayuna
- *Secundum plures interrogationes ut unam*
    '¿es este y este hombre?' señalando a Sócrates y a 'Brunelo' ; y si se responde afirmativamente 'luego 'Brunelo' es hombre'; y si se responde negativamente, 'luego Sócrates no es hombre'
- *De consequentis*
    si llueve, la tierra esta mojada
    luego si la tierra esta mojada, llueve

    si es hombre, es animal
    luego si no es hombre, no es animal.

Desde una perspectiva sistemática, Juan de santo Tomás retoma la cuestión de las falacias de este modo:

a. Pertenecen a la voz, por parte de la dicción: se reducen a la equivocación.
    - Se dan en los términos simples: equivocación, diversidad de acento, figura de dicción.

- *Equivocación*: si de can animal infiero lo que conviene a can constelación.
- *Diversidad de acento*: *péndere* (colgar), *pendere* (juzgar).
- *Figura de dicción*. Semejanza de una voz con otra o semejanza del significado de una voz con el de otra: *la substancia coloreada por la blancura es blanca; el hombre es substancia coloreada por la blancura; luego el hombre es blanca.*
- Se dan en la oración completa: anfibología, falacia de composición y falacia de división, que se reducen a la anfibología.
- *Anfibología*: vuelve dudosa la acepción de la oración en la composición y la división.
- *Falacia de composición*: cuando la oración es falsa en sentido compuesto.
- *Falacia de división*: cuando la oración es falsa en sentido dividido.

b. Por parte de la cosa significada: accidente, *secundum quid* y *simpliciter*, ignorancia del elenco, petición de principio, del consecuente, tomar como causa lo que no es causa, tomar muchas preguntas como si fueran una.
   - *Accidente*. Es un cambio de apelación, cuando se da unidad accidental y diversidad real: conozco que alguien viene, Corisco es el que viene, luego conozco a Corisco.
   - *Secundum quid* y *simpliciter*. Es pasar de lo no distribuido a lo distribuido y de lo no ampliado a lo ampliado, y con distribución de lo ampliado: el etiope es blanco según los dientes, luego es blanco de modo simple.
   - *Ignorancia del elenco*. Cuando dos cosas parecen opuestas y no lo son, por no cumplir las reglas de la oposición: la casa está cerrada durante la noche, y no está cerrada durante el día; luego la casa está cerrada y no está cerrada.
   - *Petición de principio*. Se supone lo que se pretende probar: si deseas probar que Sócrates es el padre de Platón, asumes como medio que Platón es el hijo de Sócrates.
   - *Del consecuente*. Se utiliza la regla errónea: todo lo que se sigue del consecuente se sigue de su antecedente: si alguien es ladrón deambula de noche; tú deambulas de noche; luego tú eres ladrón; Todo lo que se engendra tiene principio; el alma no se engendra; luego el alma no tiene principio.
   - *Tomar como causa lo que no es causa*. Surge cuando se toma como medio lo que no es medio ni es causa de que se una el predicado

con el sujeto, aunque parece serlo: La muerte es corrupción, luego la vida es generación, luego la vida es ser generado porque la vida y la muerte son contrarias; el error consiste en que vida y muerte no son contrarias sino privativas.

- *Tomar muchas preguntas por una.* Cuando se formulan muchas preguntas no se puede dar una sola respuesta, sino que se deben distinguir: ¿la miel y la hiel son dulces?; ¿el hombre y el caballo son animales racionales?; ¿el etiope es hombre blanco?: si respondes no, no es hombre; si respondes sí, es blanco.

6. Los tratados *De Sophismata*

En el siglo xiv, las falacias interesan cada vez más como elementos en las disputas universitarias, dando lugar a la aparición de nuevos tratados *De sophismata*, que buscan identificar el uso falaz de los argumentos y las técnicas para corregirlos. También se basan en *Elencos sofísticos*, pero se caracterizan por su uso específico en las disputationes, por lo que tienen una forma argumentativa. Este tema surge especialmente en las facultades de artes como una derivación de la técnica de la *quaestio* con el uso de un nuevo formato en las disputas universitarias: la disputa sofismática (*sophismata*), que es autónoma respecto de la cuestión disputada, y cuyo origen hay que buscarlo en los métodos empleados en las escuelas parisinas del siglo xii. En su forma madura, la *quaestio* se presenta bajo la forma, '*Utrum*': 'Si', mientras que los *sophismata* se presentan bajo la forma de una afirmación: 'Nadie miente'.

Según Aristóteles un argumento sofístico es aquel en el que se introduce un error, en la materia o en la forma, para engañar al adversario. La referencia es *Elencos sofísticos*: *elenchus est syllogismus probativus conclusionis contradictoriae positioni respondentis*. El elenco es sofístico porque utiliza silogismos falsos (materia) o aparentes (forma). En la Edad Media los sofismas se distinguían en *impossibilia*, *insolubilia* y *sophismata*. El desarrollo del género de los *Sophismata* en la *logica modernorum* está estrechamente ligado a los capítulos de estos tratados dedicados a los *Sincategoremata*. Los sincategoremas son todas las partes del lenguaje a excepción de los sustantivos y los verbos, salvo algunos como *incipit* y *desinit*, que se consideran sincategoremáticos

En la 'nueva lógica' o *Parva logicalia*, en los capítulos sobre los sincategoremas, se introducen recopilaciones de sofismas a modo de ejemplos para explicar su sentido. El resultado a veces excede el campo de la lógica, como en el caso del grupo de sofismas utilizados para explicar el sincategorema '*incipit*', aplicado al instante en que comienza un fenómeno. A partir de los ellos se desarrollan los *sophismata physicalia*, que explican ideas de la nueva física, como: 'es necesario que algo se condense si algo se rarifica' o 'es imposible que algo se caliente si algo no se enfría', o la importante doctrina física del aumento gradual de las virtudes, instrumentos todos de los que hace uso Swineshead en su obra *Calculationes*.

Con el desarrollo de las universidades la práctica de los *sophismata* parece haber seguido un camino diferente en Oxford y en París. En la segunda mitad del siglo XIII el *sophisma* parisino se había organizado sobre la base doctrinal y social de la cuestión disputada, mientras que el *sophisma* oxoniense se basará en la distinción espontánea entre la disputa *in parviso* (en el exterior de las escuelas, como ejercicio lúdico de los estudiantes en su tiempo libre) y la disputa *in scholis* (en el interior de las escuelas, como ejercicio escolar). Tomadas ambas como ejercicio escolar, la disputa *in parviso* opone a bachilleres no formados, mientras que la disputa *in scholis* es más formal y opone a un veterano bachiller formado y a un aprendiz bachiller no formado, bajo la presidencia de un maestro.

Un ejemplo característico de *sophismata* es determinar la verdad de esta proposición: 'Todos los hombres son asnos u hombres y los asnos son asnos' (*Omnes homines sunt asini vel homines et asini sunt asini*).

Argumentos falaces de sentido compuesto/sentido dividido

Los medievales estudiaron muchos tipos de falacias, algunas de las cuales retomaban ejemplos aristotélicos y otras eran características de sus debates. Algunos ejemplos de estos últimos son:

a. Sofismas por mal uso de los sincategoremáticos:
   - *Omne animal praeter hominem est irrationale;*
   - *Omnes homines sunt asini vel homines et asini sunt asini*: sofisma por mal uso de las conjunciones, pues es verdadera o falsa según el uso de la disyunción y la conjunción. No es verdad que 'todos los hombres son asnos', o que 'los hombres y los asnos son asnos' (*Omnes homines sunt asini*) *vel* (*homines et asini sunt asini*); pero es verdad que: 'todos los hombres son asnos u hombres' y que 'los asnos son asnos');
   - *Tantum deum esse deum est necessario*: es verdadero si *tantum* (solo) se aplica a 'Dios' sujeto, pero no si se aplica a 'que Dios es Dios', pues entonces sería lo único necesario.
b. Sofisma por cambio en la *suppositio*:
   - *Homo est dignissima creaturarum;*
   - *Sortes est homo;*
   - *Ergo Sortes est dignissima creaturarum;*

- *'Homo'* en la premisa mayor ejerce *suppositio simplex*, en la premisa menor ejerce *suppositio personalis;*
- *Currens est participium;*
- *Sortes est currens;*
- *Ergo Sortes est participium;*
- *'Currens'* en la premisa mayor ejerce *suppositio simplex*, en la premisa menor ejerce *suppositio personalis.*

c. Falacia *secundum quid et simpliciter*: consiste en pasar de una premisa, en la que cierto término se toma en sentido relativo o *secundum quid*, a una conclusión, en la que ese mismo término se toma en sentido absoluto o *simpliciter*. Pedro Hispano: *'Iste est homo mortuus (secundum quid), ergo est homo (simpliciter)'.*

d. Falacia *de dicto-de re*: es una forma del sofisma de la confusión del sentido compuesto y el sentido dividido.

- Las oraciones que llevan el modo en medio de ellas son de sentido dividido, y se denominan *modales de re*, pues la modalidad afecta a las cosas mencionadas en la sentencia: *'El que esta sentado puede andar'.*
- Las oraciones que llevan el modo precediendo la oración son de sentido compuesto, y se denominan *modales de dicto*, pues la modalidad afecta a la sentencia misma: *'Es posible (puede) que el que está sentado ande'.*

Quizás el recurso más utilizado para desentrañar el sofisma *in dictione* era distinguir entre el sentido compuesto y el sentido dividido de una sentencia.

Según Pedro Hispano, que cita a Averroes, esta falacia se debe al engaño producido por la multiplicidad potencial de una oración, o una igualdad material y una diversidad en la forma. Aristóteles había puesto algunos ejemplos:

- *Es posible que el que está sentado camine y que uno que no escribe escriba*: en sentido compuesto es contradictorio (sentado-camine; no escribe-escriba), en sentido dividido es posible (sentado primero, luego camine; no escribe y luego escriba).
- *Cinco es dos y tres*, y, por tanto, es par e impar: en sentido dividido es contradictorio (cinco es dos y cinco es tres), en sentido compuesto es verdadero (cinco es dos-y-tres).
- *Yo te hice esclavo siendo libre* (falso en sentido compuesto, verdadero en sentido dividido).

Pedro Hispano retoma estos ejemplos y añade algunos nuevos:

- *Quicumque scit litteras nunc didicit illas.* En sentido compuesto es verdadera. [Quien sabe las letras ahora] las aprendió; en sentido dividido es falsa: Quien sabe las letras [ahora las aprendió].
- *Sedentem possibile est ambulare.* Sentido compuesto falsa. El que está sentado puede caminar. Sentido dividido verdadera. El que está sentado [puede caminar]. Este tradicional sofisma aristotélico, puede dar lugar a razonamientos falaces, como el siguiente:

  a cualquiera que le es posible caminar le acontece que camine

  pero al que está sentado el caminar le es posible

  luego acontece que el que está sentado camine.
- *Quinque sunt duo et tria.* Sentido compuesto verdadera. Cinco son [dos y tres]. Sentido dividido falsa [Cinco son dos] y [cinco son tres]. Puede dar lugar a razonamientos falaces como el siguiente:

  todos los que son dos y tres, son tres

  pero cinco son dos y tres

  luego cinco son tres.
- *Omne animal est rationale vel irrationale.* Sentido compuesto verdadera. Todo animal es racional o irracional. Sentido dividido falsa [Todo animal es racional] o [todo animal es irracional]. Si no se hace esta distinción, resultan alrgumentos falaces como:

  todo animal es racional o irracional

  pero no todo animal es racional

  luego todo animal es irracional.
- *Non homo est animal.* Sentido compuesto-falsa: El hombre [en general] no es animal. Sentido dividido-verdadera: Ningún hombre [concreto] es un animal.

- *Non homo est equus vel asinus est animal* : Sentido compuesto falsa: Ningún [hombre es caballo o el asno es animal]. Sentido dividido verdadera [Ningún hombre es caballo] o [el asno es animal].
- *Homo est asinus et equus est capra vel Deus est.* Sentido compuesto verdadera: El hombre es asno y el caballo es cabra [o Dios existe]. Sentido dividido falsa [El hombre es asno] y [el caballo es cabra o Dios existe].

7. La lógica sofismática y la escuela de los *calculatores*

La imposición de la metafísica teológica de la omnipotencia divina va a tener como uno de sus efectos la generalización del uso del método hipotético, gracias a que el pluralismo metodológico encuentra una justificación dogmática en la condena de los teólogos en París de la tesis aristotelizante sobre la necesidad de la creación divina de un único mundo: «La primera causa no podría hacer muchos mundos» (art. 34). La posibilidad de suponer una pluralidad de mundos, cada uno de ellos con un posible sistema natural distinto, al amparo de la intervención de los teólogos, puede ponerse en relación con el uso del razonamiento *secundum imaginationem*, que libera al conocimiento científico de la precisión de su adecuación a la realidad natural.

Este factor teológico-metafísico se ve amplificado por el uso de las nuevas técnicas lógicas en un contexto de profundas transformaciones en la enseñanza universitaria. El progreso científico se desarrolla, así, sobre el terreno del análisis lógico y no sobre el de la inducción científica, ya que no tiene lugar ninguna confrontación con la experiencia o la experimentación activa, pues la finalidad de la investigación no es el conocimiento de lo real en tanto que tal ni la verificación de una hipótesis o de una conjetura, sino la producción de nuevas reglas o la creación de nuevos juegos lógicos. El uso de estos nuevos instrumentos va a permitir la creación de un aparato 'matemático', aplicado a la noción de la medida de las entidades y las cualidades, aparato que trata de homogeneizar diferentes ámbitos ontológicos de la realidad intertraduciéndolos, hasta acabar por crear una nueva realidad que solo puede aprehenderse *secundum imaginationem*, un método vinculado al trabajo de los lógicos del final de la Edad Media para descubrir e inventar reglas adecuadas para el espacio abierto de la lógica imaginaria.

En principio, la dimensión de la *imaginatio* designa un dominio de especulación cuya apertura se debe a la hipótesis *de potentia Dei absoluta*, que se condensa en el lema: 'Dios puede, por su potencia absoluta, hacer todo lo que no implica contradicción'. De ello resulta el desarrollo de una técnica de argumentación que permite ascender desde el posible físico al posible lógico, lo que impulsa el examen de una cuestión más allá de los límites de las posibilidades físicas consideradas lícitas en la filosofía natural, para extenderse hacia el campo más amplio de lo que es lógicamente permisible. En la teoría física, el anclaje del razonamiento imaginario en el posible lógico estimula la superación de los límites del universo físico actual, pero, al mismo tiempo, desvincula la especulación científica de toda validación empírica.

Por ejemplo, cuando Swineshead 'propone' un cuerpo dotado de un grado de calor igual A_1 sobre su primera mitad, A_2 sobre el cuarto siguiente, A_3 sobre el octavo siguiente, A_4 sobre el diecisesavo siguiente y así hasta el infinito, y cuando demuestra que este cuerpo, tomado como un todo, es de un grado de calor 2, dicho de otro modo, un grado de calor finito como todo, incluso si en él el calor aumenta hasta el infinito, no tiene a la vista ningún cuerpo concreto dado en una experiencia o manipulable en una experimentación. De modo que la experiencia 'imaginaria' del calculador no va de lo ideal a lo real, sino que expone en forma argumentativa el posible lógico y atestigua relaciones conceptuales a partir de un real 'desrealizado' constituido por esencias y sus propiedades calculadas a priori, lo que hace que el físico pueda estar autorizado a construir consecuencias con proposiciones imposibles *secundum cursum naturae*.

La escuela en la que se concentran los avances lógicos en el uso de las técnicas ligadas a la *imaginatio* está formada por un grupo de filósofos y de lógicos de Oxford de la primera mitad del siglo xiv, que se han denominado 'mertonianos', por haber enseñado la mayor parte de ellos en el Merton College, y que han pasado a ser generalmente conocidos como 'calculadores'. Sus figuras centrales son Thomas Bradwardine (*De proportionibus velocitatum*), Guillermo Heytesbury (*Regulae solvendi sophismata*), Ricardo Swineshead (*De motibus naturalibus*), Juan Dumbleton (*Summa logicae et philosophiae naturalis*), Ricardo Kilvington (*Sophismata*) y Ricardo Billingham (*Conclusiones*). En cambio, El 'cálculo' fue rechazado muy rápidamente en el continente, siendo denunciado en París como 'sutileza inglesa' y objeto de burla en Italia como 'barbarie bretona'.

El calculador utiliza discursivamente un conjunto de entidades matemáticas no realizadas en la naturaleza: puntos, líneas, superficies, instantes indivisibles o grados de cualidad, que son meros términos hipotéticos que no tienen realidad alguna, salvo poder ser realizables *de potentia Dei absoluta*. Dado que las *calculationes* nacieron tan solo como uno de los ejercicios lógicos destinados a mostrar la habilidad dialéctica de los aspirantes a filósofos y teólogos, unido al interés metafísico por los infinitos mundos posibles o por el poder absoluto de Dios, no es extraño que el interés teórico por la medida no se corresponda en absoluto con un interés fáctico por las medidas reales. Por ello el calculador puede considerarse tan próximo al astrólogo 'que imagina una multitud de círculos en los cielos o el geómetra que imagina puntos indivisibles' (Alberto de Sajonia, *Sophismata*, m., BN lat., 16134, f° 43va), como al metafísico nominalista para quien todas estas entidades no son más ficciones.

Los calculadores se caracterizan por la voluntad de cuantificar todo tipo de cualidades o magnitudes variables, desde el tiempo, el espacio, la velocidad, el calor, la densidad, el peso o el color, hasta, incluso, la certidumbre, la salud, la virtud o la felicidad. Lo que les distingue de los maestros universitarios comunes es que no indagan sobre la solución de problemas naturales o teológicos, sino que se centran en la investigación de las estrategias para hallar esas soluciones, por lo que su intención no es responder a interrogantes teóricos, sino inventar juegos lógicos o lingüísticos complejos.

En su *Liber calculationum*, Ricardo Swineshead, estudia el problema de la caída de los graves como un ejemplo de la temática de la identidad del todo como suma de las partes, que es característica de los *insolubilia*. La doctrina de la doble verdad, asimilada por la doctrina escolástica de las distinciones, va a servir como referencia para las oposiciones entre *physice* o *naturaliter loquendo* y *logice, sophistice* o *mathematice loquendo*, o entre *vere* o *realiter* e *imaginarie*, que son aplicables al modo de teorizar de los *calculatores*, que utilizan una argumentación *secundum imaginationem* o *gratia disputationis*.

Los calculadores se ven ante la necesidad de hacer frente a problemas nuevos, y por ello se ven obligados a utilizar lenguajes lógicos inéditos cuantitativos, que hacen uso de nuevos conceptos como la intensión y la remisión de formas (*intensio et remissio formarum*), a los que van asociados los grados y latitudes formales o el lenguaje de las proporciones (*proportiones*). Precisamente en este campo encuentra una amplia aplicación la doctrina de las *suppositiones* enmarcada en la nueva ontología nominalista de Ockham, como en la reducción de los términos abstractos, connotativos, a una simple función de términos concretos o absolutos, en la eliminación de las ficciones (*figmenta*) representadas por términos como 'instante', 'punto' o 'línea', o en la transferencia del papel que juegan estos términos a proposiciones depuradas en las que no figuran.

Juan Buridan aplica la lógica nominalista a la investigación sobre la naturaleza para afirmar que una proposición científica es verdadera si los términos que son sus sujetos suponen tanto por cosas existentes actualmente, como en el pasado o en el futuro, de manera que la ciencia física no es experimental, sino demostrativa, y sus proposiciones son proposiciones categóricas verdaderas en las que no se tiene en cuenta el tiempo, pues son neutras temporalmente.

Hablando sobre el vacío, Alberto de Sajonia ejemplifica el alcance de este recurso en las técnicas lógicas: si se define con una proposición como 'el vacío (*vacuum*) es un lugar que no ocupa ningún cuerpo', entonces la cópula 'es' no puede tener sentido existencial, pues sería contradictorio afirmar '*vacuum est*', sino que puede identificarse con 'significa'. Entonces el problema es determinar por qué objeto supone el término *vacuum*, y la respuesta de Alberto es que lo hace por un objeto imaginario: *pro isto quod imaginari potest esse vacuum*. La existencia del vacío, por tanto, no pertenece a la ciencia física de lo real. Tanto Alberto de Sajonia como Juan Buridan llegarán a la conclusión de que la única ciencia en la que tiene sentido hablar de la existencia del vacío es la teología. Por ello, Buridan emplea la expresión 'imaginar el vacío' tanto en un sentido onto-teológico, donde lo imaginable es lo que puede ser hecho por Dios *de potentia absoluta*, como en un sentido epistemológico, donde es una verdad del orden de la creencia (*creditum*), no del orden de la ciencia (*ratione naturali probatum*), lo que justifica que la del vacío sea una cuestión que le corresponde al teólogo que teoriza sobre la omnipotencia divina.

En esto Buridan se separa de los *calculatores* que se basan en el papel de los contrafácticos y en el recurso a la imaginación para formular hipótesis matematizables. También los nominalistas más reístas se opondrán al uso que hacían en la teoría física los calculadores del principio: *ex impossibili sequitur quodlibet*, entendiendo que los términos siempre deben suponer por cosas realmente existentes. Por ello, mientras que los *calculatores* pudieron realizar avances considerables, como llegar al teorema de la velocidad media del movimiento uniformemente acelerado, por la posibilidad de manipular lógicamente a priori la realidad, estos seguidores reístas de las tesis ockhamistas encontrarán una vía de salida en la física del *impetus*, considerada el efecto de una fuerza impresa real, una física que se asocia con la renovación general del panorama filosófico surgida del movimiento nominalista tras hacer uso de la noción de la eficacia causal divina, nacida de la crisis del modelo de causación naturalista y del razonamiento imaginario que abre la posibilidad de que el físico plantee una pluralidad de hipótesis.

8. La resolución de los sofismas teológicos

La lógica inicialmente era una disciplina en las escuelas de artes, estudiada por los más jóvenes, pero fue ampliando su campo de acción, incluso sobre los conceptos de la teología.

Si, gracias al impulso del tomismo, la teología latina se había fundado en la metafísica aristotélica, a partir del XIV se va a producir lo que se ha denominado el 'giro onto-teológico', cuando es la metafísica la que se desenvuelve bajo los principios de la nueva teología, constituyendo una metafísica teológica. Esta transformación se desarrolla en dos fases: Duns Escoto formaliza la metafísica al establecer como principio la univocidad del ser de Dios y la naturaleza creada, y el nominalismo identifica las formas intelectuales con los signos del lenguaje lógico.

A partir de estas transformaciones, la lógica viene a ocupar el lugar de la metafísica en el debate teológico entre la omnipotencia de Dios y la necesidad de la naturaleza. La teología cristiana encuentra su principio rector en la omnipotencia: '*Credo in Unum Deum, Omnipotentem*' explicado según la distinción escotista de dos poderes divinos: el poder absoluto (*potentia Dei absoluta*) y el poder ordenado (*potentia Dei ordinata*). Esto supone que la naturaleza, explicada según principios metafísicos, ya no es un límite para la acción del poder absoluto divino, que se extiende a toda realidad, sino que la limitación del poder de Dios solo puede estar en Dios mismo, ya que hay un solo ser, el de Dios, que es idéntico al ser natural.

De ahí que el único límite de la omnipotencia divina es el ser que es Dios, que se expresa formalmente en el principio de no-contradicción, pues lo único que no puede Dios es contradecirse a sí mismo como ser, esto es, dejar de ser: [no (ser y no-ser)]. De este modo Dios ya no está sometido al principio del tercero excluido (o ser o no-ser), que implicaba un límite a la omnipotencia divina ante la necesaria elección de uno de los extremos de una contradicción en el tiempo natural, pues en el tiempo eterno (*in instante aeternitatis*) se suspende la regla del tercero excluido y Dios siempre tiene la posibilidad se elegir entre ser o no ser. Escoto expone esta nueva situación teológica por medio de su sutil uso de la distinción de diversos instantes de eternidad y temporales.

La teología nominalista utiliza el principio metodológico de economía para extraer exclusivamente consecuencias del principio lógico de no-contradicción, que permite explicar la voluntad de Dios, siendo su acción un desarrollo lógico de tal principio. De ahí la importancia que va adquiriendo en la *logica fidei*, no sometida a los límites de la lógica humana, la noción de *voluntas signi* frente a la *voluntas beneplaciti*. La segunda es la voluntad de un ser sometido a los límites de la elección del bien, mientras que la *voluntas signi* se expresa en los signos efectivos de la Revelación divina, que manifiestan inmediatamente el poder ordenado de Dios, afectando a la necesidad natural. De modo que la lógica, al analizar los signos revelados por Dios, puede conocer la esencia de Dios, esto es, su voluntad, que es no-contradictoria, pero que aparece suspendida entre los dos miembros de una contradicción que no se excluyen mutuamente (superación del principio del tercero excluido).

De este modo, es la propia teología la que justifica la utilización del aparato lógico, no solo como instrumento auxiliar, sino como el núcleo mismo de la posibilidad de resolver las cuestiones teológicas. De ahí que los tratados sobre las consecuencias (*Consequentiae*), los sofismas (*Sophismata*) y la disputa obligacional (*De obligationibus*) adquieran una nueva y más amplia dimensión por su capacidad para abordar de un modo nuevo los viejos problemas teológicos.

Algunos ejemplos de la utilización de la lógica en la resolución de sofismas teológicos son los siguientes:

En la discusión sobre la Trinidad, se plantean argumentos falaces como:

Dios es el Padre
Dios es el Hijo
Luego el Padre es el Hijo

Donde, partiendo de dos premisas verdaderas, en cambio es herética la conclusión, pues retoma una forma de herejía arriana, que insiste en la unidad absoluta de Dios.

Otra versión usada tradicionalmente de este silogismo teológico, que es una falacia que afecta al dogma de la Trinidad es la siguiente:

La esencia divina es el Padre
La esencia divina es el Hijo
Luego el Padre es el Hijo

Se trata de un silogismo de la tercera figura, que, según las reglas aristotélicas, concluiría correctamente algo que es contradictorio con los dogmas teológicos cristianos. La solución medieval de este silogismo falaz consiste en considerarlo un 'silogismo expositorio' que no cumple el principio aristotélico: 'en todo silogismo hay que tomar el término medio universalmente al menos en una de las premisas'. En este caso, el término medio 'esencia divina' se expone en dos de los singulares que comprende: en la mayor referido al Padre y en la menor al Hijo. Por lo tanto se daría una 'falacia de accidente', al confundir el uso *simpliciter* de la 'esencia divina', con el uso *secundum quid*, dependiente de la persona a la que se refiera. Según Escoto, además, este razonamiento desconoce que entre la esencia divina del Padre y la del Hijo se da una distinción formal.

También lo que se conocerá como 'la lógica de la fe', usada en la resolución de las cuestiones trinitarias, participará de la lógica aristotélica, tan sólo con el añadido de ciertas reglas, como las que se cumplen en los silogismos expositorios.

La lógica también permite debatir cuestiones como:

Cuáles son las propiedades de Dios antes de producir el Hijo (que se considerarían teológicamente como susceptibles de arrianismo), o el *Filioque*, considerando el contrafáctico: *si el Espíritu Santo no procede del Hijo entonces el Hijo es distinto del Espíritu Santo*.

Otros ejemplos comunes de falacias que afectan a cuestiones doctrinales religiosas son:

- Falacia: *Deus est eodem modo in dyabolo sicud fuit in beata virgine* ('Dios está en el diablo de la misma manera que en la Santísima Virgen')

- Falacia: *Deus scit quicquid scivit* (Dios sabe todo lo que ha sabido)
- Falacia: *el alma del Anticristo existirá necesariamente*

Esta última falacia se puede solucionar de dos modos:

- Mediante la distinción entre categoremáticos y sincategoremáticos: si 'necesariamente' se toma categoremáticamente, entonces la proposición es cierta: 'el alma-necesaria del Anticristo existirá'. Pero si 'necesariamente' se toma sincategoremáticamente, entonces la proposición es falsa: composición: existirá-necesariamente ('necesariamente' es un predicado que acompaña a 'existirá').
- Mediante la distinción entre el sentido compuesto y el sentido dividido. En sentido compuesto (*de dicto*): 'Necesariamente [el alma del Anticristo existirá]', es falsa; en sentido dividido (*de re*): 'El alma necesaria [del Anticristo existirá]', es verdadera.

Aplicación de la distinción entre el sentido compuesto y el sentido dividido en Escoto

En un texto en que Juan Duns Escoto plantea la cuestión teológica de la predestinación (*Lectura* I, dist. 40), dentro de la cuestión más general de los límites de la omnipotencia divina, la resuelve utilizando dos recursos distintos:

El primero es *teológico-metafísico*, estudiando la actividad de la voluntad divina en relación a los objetos que quiere y a los tiempos en que actúa. Sus reflexiones están en consonancia con sus principios teológicos generales:

> En relación con la distinción 40 se pregunta si un predestinado para la salvación (*praedestinatus*) puede ser condenado.
>
> De qué modo el que es predestinado puede ser condenado, es evidente, por la cuestión precedente, porque la voluntad divina precede a su objeto, y, en consecuencia, en el mismo instante de eternidad en que quiere el objeto de salvar a alguien, puede no quererlo, y puede querer el objeto de condenarlo, Y, en consecuencia, en el mismo instante de eternidad en que alguien es predestinado, puede ser reprobado, como es evidente por la cuestión precedente (*Lectura* I, dist. 39).

El segundo es *lógico*, utilizando la distinción entre el sentido compuesto y dividido de una proposición para resolver la cuestión: si el predestinado puede ser condenado:

Pero ahora respondamos desde la lógica a la cuestión, haciendo una distinción entre su sentido compuesto y su sentido dividido (*compositionem et divisionem*).

En sentido compuesto la proposición: 'el predestinado puede ser condenado' es falsa, pues significaría que el predicado 'condenación' es una determinación posible que pertenece al predestinado, en cuanto predestinado, lo cual es falso.

Pero, tomada la proposición en sentido dividido es verdadera, no porque signifique que al predestinado le pueda suceder después ser condenado, sino porque el término que es sujeto de la proposición es concreto, y en ella se da una implicación con la que se quiere significar que el que es predestinado, si no permanece como predestinado, puede ser condenado, lo cual es verdad. Por lo tanto, no entendemos aquí los extremos de la proposición, 'predestinado' y 'condenado', como dos instantes distintos de tiempo, sino que se miden en el mismo instante de eternidad, porque en el mismo instante de eternidad en que Dios predestinó a alguien para su salvación, pudo no predestinarlo.

El sentido de la solución lógica de Escoto a la cuestión planteada es el siguiente:

- En sentido compuesto, tomando la proposición entera como un todo, en que el predicado 'poder ser condenado' es un atributo del sujeto 'predestinado', lo cual es contradictorio, la proposición: 'el predestinado puede ser condenado' es falsa.
- En sentido dividido, en que se separa cada uno de los términos de la proposición respecto del otro, de modo que 'poder ser condenado' no es un atributo necesario, sino un predicado contingente del sujeto, 'predestinado', la proposición es verdadera.

El sentido dividido permite expresar lógicamente que ante la voluntad de Dios se encuentran simultáneamente las dos posibilidades contingentes: condenado / no condenado, que no pertenecen necesariamente a la voluntad misma de predestinar. Esto coincide con la tesis teológica de la acción de la voluntad divina en el tiempo de la eternidad (*in instanti aeternitatis*), con la que Escoto resuelve el problema en el ámbito metafísico-teológico.

Veamos esquemáticamente, utilizando una notación moderna simplificada, cómo se distinguen la lógica filosófica-aristotélica y la lógica divina escotista.

a) *Solución aristotélica*:
- *Sentido compuesto*: es posible [predestinado-condenado] según una lógica eterna (en el mismo instante) ---- falsa (contradictoria).

- *Sentido dividido*: [el predestinado] puede ser [condenado] en una lógica temporal de dos instantes sucesivos ---- verdadera.

b) *Solución teológica. Lógica divina*:
  - La identidad *Predestinado = salvado* (por el principio de no-contradicción) es más fuerte que el poder de Dios.
  - Dos posibilidades lógicas para el poder de Dios a partir del principio de no-contradicción:

    1) *Sentido compuesto*: lógica desde el orden de la predestinación (*de dicto*): el sujeto es la predestinación:
    Es necesario [predestinado-salvado]
    - predestinado → salvado (verdadera) $[(p \to q) \wedge p] \to q$
    - no predestinado → no salvado (condenado) (verdadera) $[(\neg p \to \neg q) \wedge \neg p] \to \neg q$
    - en los dos casos se cumple el *modus ponens*
    Es imposible
    - predestinado → no salvado (condenado) (falsa)
    - no se cumple el *modus ponens* $[(p \to q) \wedge p] \to \neg q$???

    2) *Sentido dividido*: lógica desde el orden de la realidad divina (*de re*): el sujeto es Dios
    [el predestinado] es [salvado] (por *modus ponens*).
    [el no-predestinado] es [no salvado-condenado] (por *modus tollens*).
    modus tollens: Si el predestinado es salvado, pero no ha sido salvado, es que no ha sido predestinado por Dios:
    $[(p \to q)] \wedge \neg q] \to \neg p$
    Cambiando el orden del *modus tollens* (por la propiedad conmutativa de la conjunción) resultaría:
    $[\neg q \wedge (p \to q)] \to \neg p$
    De esta manera se hace compatible que:
    - En el tiempo humano, el predestinado no pueda ser condenado, según la regla general: $[(p \to q) \wedge p] \to q$ (*modus ponens*).
    - En el tiempo eterno de la realidad divina, ser predestinado o no ser predestinado no es anterior a ser salvado o ser condenado. La condenación es simultánea a la no-predestinación. $[\neg q \wedge (p \to q)] \to \neg p$ (*modus tollens*).
    Si el predestinado no ha sido salvado, aun conservando la verdad temporal de que todo predestinado es salvado, es que no ha sido predestinado en el tiempo eterno de Dios.

9. LOS *INSOLUBILIA*

Los insolubles (*insolubilia*) son una práctica en la que se proponen problemas que en principio no tienen una solución lógica, al menos utilizando las reglas lógicas convencionales. La problemática medieval de los *insolubilia* comporta tres momentos lógicos e históricos.

En el siglo XII: el insoluble es un paralogismo donde el cuadro conceptual de análisis es proporcionado por la teoría de las *fallaciae*.

En el siglo XIII: el insoluble es una proposición y un tipo particular de *sophisma* que se instrumenta en la práctica de la disputa sofismática.

En el siglo XIV: el insoluble es una proposición y un tipo particular de sofisma que se amplifica conceptualmente en el contexto de la práctica de la disputa obligacional.

Se toman como referencias antiguas de los insolubles algunas figuras legendarias, citadas ya en un texto de San Pablo (*Carta a Tito*), con fines moralizantes, que leyeron los medievales con un sentido lógico: 'Uno de ellos (los cretenses), que era su propio profeta (Epiménides) dijo: 'Los cretenses son siempre mentirosos, malas bestias, vientres corrompidos'.

Epiménides, considerado uno de los Siete Sabios de Grecia enunció: 'Los cretenses siempre mienten' (Κρῆτες ἀεὶ ψεῦσται), y con ello formuló por vez primera la 'paradoja del mentiroso'.

Eubúlides (siglo IV), el sucesor de Euclides en la dirección de la escuela megárica, a la que orientó hacia la erística, formuló varios argumentos sofísticos, como el sofisma del cornudo ('se tiene lo que no se ha perdido; tú no has perdido los cuernos; luego tú tienes cuernos'); la paradoja del calvo ('cuántos pelos hay que tener para no ser considerado calvo') o la del montón o *sorites* ('cuándo un montón deja de serlo si se va reduciendo grano a grano'). También la paradoja del mentiroso, con la fórmula: 'Un hombre afirma que está mintiendo. ¿Lo que dice es verdadero o falso?'

Filites de Cos, filósofo estoico, según aparece en la doxografía, es autor de un verso en que muestra la dificultad de resolver esta paradoja, justificando que los medievales la llegaran a considerar el principal ejemplo de los *insolubilia*:

Soy Filites de Cos,
Fue el mentiroso quien me hizo morir,
y las insomnes noches por él causadas.

El lógico tardomedieval Pablo de Venecia define 'el mentiroso' como: 'una proposición afirmativa significando de sí misma que es falsa'. Esta paradoja tendría dos modos:

- Como una paradoja que proviene de nuestros actos: 'Sócrates dice algo falso', 'yo no digo que esto es verdadero', 'este hombre entiende que esto es falso', 'tú no entiendes que esto es verdadero'.
- Como una paradoja que se funda en las propiedades de la expresión: 'toda proposición es falsa', 'ninguna proposición es verdadera'.

La forma medieval de insoluble más utilizada es aquella en que el enunciado de partida (*positum*) de una disputa obligacional es proporcionado por una proposición que significa su propia falsedad, tal como el 'mentiroso': *ego dico falsum* (Lo que yo digo es falso).

Las soluciones de la paradoja
Las principales soluciones al 'mentiroso' propuestas desde el siglo XII al XIV pueden reducirse a cuatro tipos:

- La *cassatio*: el que dice 'lo que yo digo es falso' y no dice nada más, no dice nada en absoluto (*nihil dicit*). Esta solución presenta dos variedades: casación de la potencia (es imposible decir: 'lo que yo digo es falso'); casación del acto: alguien puede de hecho decir 'lo que yo digo es falso', pero diciendo eso no está diciendo nada (*Posito quod aliquis dicat se dicere falsum, in sic dicendo nihil dicit*).
- La *restrictio*: imposibilidad (*restrictio*) de la auto-referencia. Los términos que se dicen no pueden suponer o referirse a la proposición en que se incluyen esos términos: 'miento' no se refiere a la proposición 'digo que miento'. En la proposición 'lo que yo digo es mentira', el predicado 'mentira' no puede suponer por la proposición de la que forma parte.
- El *transcasus*: el verbo 'yo digo' no puede referir el momento mismo de la enunciación, sino exclusivamente el instante (o un instante) anterior; de modo que el cambio de tiempo implica también un cambio de valor de verdad: la mentira no estaba en lo que he dicho antes, sino en lo que digo ahora.
- La distinción *actus exercitus-actus significatus*. *Actus exercitus*: hacer algo: dice; *actus significatus*: lo que dice. Lo que hace el mentiroso (decir la verdad) se distingue de lo que dice (que miente).
- La distinción *secundum quid et simpliciter*: esta solución, llamada 'aristotélica', comprende diversas variedades, las más extendidas de las cuales reposan sobre el principio según el cual si se profiere dos veces una misma proposición, las dos no tienen más que una identidad específica (*in specie*), pues las dos son proposiciones, pero no numérica (*in*

numero), ya que no son la misma proposición, pues una es una proposición ('digo') y la otra una proposición distinta que habla sobre sí misma ('digo que digo que miento').

Los insolubles son falsos *simpliciter* y verdaderos *secundum quid*; esto es: falsos en lo que dicen absolutamente, pero verdaderos en la frase.

10. La disputa obligacional

Los avances en la lógica, al hilo de su utilización en nuevos géneros de disputas universitarias, van a permitir a los teólogos críticos un nuevo tratamiento de los tradicionales temas teológicos y de cuestiones cada vez más sofisticadas. En los procedimientos universitarios del siglo XIV, los tratados sobre la suposición tendieron a absorber los modos de enseñanza lógica, como los *syncategoremata*, mientras crecía el número de tratados sobre los *sophismata, insolubilia, obligationes* o *consequentiae* sobre todo por la acción de Burley o Campsall. En 1335, en Oxford, la mayor parte de la enseñanza en lógica estaba centrada en el debate de los sofismas bajo las reglas de las obligaciones. La verdad o falsedad de las proposiciones se determinaba con los recursos de la teoría de la suposición, la operación de los *syncategoremata*, los sentidos compuesto y dividido, los sentidos literal y metafórico y otros instrumentos de la lógica terminista. Hacia 1330-1332 estos recursos lógicos se habían introducido en la teología, empleando el lenguaje de las *obligationes* para resolver los *sophismata* teológicos.

La historia de los orígenes del género literario y de la práctica escolar de las *obligationes* no es aún completamente conocida. Sin embargo, ya se trate de un método escolar de examen destinado a comprobar las aptitudes de un estudiante en lógica o de un simple juego organizado por los estudiantes a título de entrenamiento, lo cierto es que supera el mero nivel de una estrategia de comunicación del conocimiento para llegar a constituir un campo privilegiado de experimentación de los nuevos mecanismos lógicos de producción del saber.

La referencia lejana de la *obligatio* es la determinación de los géneros de debate en *Tópicos* de Aristóteles, y especialmente el tratamiento del razonamiento dialéctico. El objetivo de este tratado es investigar sobre los razonamientos basados en las opiniones más reputadas (*endoxa*). Así, el razonamiento dialéctico consiste en un silogismo cuyas premisas son *endoxa*. Esta clase de razonamiento, finalmente, se establece entre dos oponentes en un debate, con un papel pasivo y un papel activo. En *Tópicos* VIII, Aristóteles llega a plantear las reglas que deben respetarse en un juego dialéctico en que se oponen dos jugadores, y añade la presencia de un juez (persona reputada o asistentes a la disputa).

- 1-3 discute la estrategia del cuestionador;
- 4-10 expone las reglas para el que debe responder;
- 10-13 adopta el punto de vista del juez que debe analizar críticamente el debate en su conjunto;
- el capítulo 14 es la conclusión del libro VIII.

Esquemáticamente, la exposición de Aristóteles del debate es la siguiente:

- Hay una tesis que es atacada por uno de los participantes (el oponente), y que es defendida por el otro participante (el respondiente);
- el oponente trata de conducir al respondiente a admitir algo que es imposible, o a admitir que la tesis que defiende es contradictoria.

Sin duda, las discusiones socráticas estaban muy presentes en este esquema, pero en Aristóteles las discusiones están formalizadas más allá del juego estrictamente competitivo, por lo cual lo importante no es quién ha vencido en la disputa, sino cómo se puede refutar una determinada tesis, de modo que el juego dialéctico es más cooperativo que competitivo. Para Aristóteles, los objetivos de alcanzar la verdad y de obtener la victoria son compatibles, pues si se defienden tesis verdaderas será más fácil vencer en el debate, si se hace una buena defensa de ellas.

La diferencia básica entre la disputa según el propio Aristóteles y el modelo aristotélico medieval es que el punto de partida ya no son las opiniones comunes (*endoxa*), sino un *positum* o *posita* arbitrarios. En el cuerpo del debate, en Aristóteles las demostraciones tienen diversos grados de probabilidad sobre planos fenomenológicos distintos, mientras que en la *obligatio* la decisión sobre la aceptación o negación de una tesis es determinada con distinción formal perfecta. La dialéctica medieval se ve que procede de la gramática, no es un procedimiento metafísico para determinar críticamente su objeto.

En la Edad Media, una *obligatio* es un juego entre dos jugadores, el *opponens* y el *respondens*, que tienen cada uno una función: el *respondens* 'se obliga' a mantener una cierta posición en el curso de la disputa, mientras que el *opponens* se esfuerza por conducirle a una paradoja.

Más específicamente, se puede definir la obligación como el acuerdo del *respondens* de evitar caer en una contradicción, una vez que ha aceptado o denegado una sentencia inicial propuesta por el *opponens* durante un periodo de tiempo, llamado el *tempus obligationis*. La victoria del *respondens* se produce si logra evitar ser llevado a una contradicción antes de que el *opponens* dé por concluido el tiempo de la obligación (*cedat tempus!*).

En el *ars obligatoria* la disputa dialéctica no es una investigación compartida para obtener el fin de la verdad, sino un debate en que se pone en juego la habilidad para inventar razonamientos útiles para defender una tesis, verdadera o no.

La técnica de las obligaciones consiste en que el oponente obliga al respondiente a cumplir una determinada tarea en el transcurso del debate. Siempre ha de seguirse la verdad, pero esta se entiende como la obligación de ser consistente a lo largo de todo el debate sosteniendo tesis compatibles con lo ya aceptado y con las reglas empleadas. El tipo de obligación más empleado ha sido el de defender una proposición contingente falsa. Esta clase de obligación se denomina *positio*, y la proposición falsa es el *positum*.

Las reglas de la disputa obligacional

En los primeros tratados medievales, la disputa se compone de tres partes: *positio* (tesis que se va a debatir), *oppositio* (argumentación contra la *positio*) y *responsio* (respuesta a la *oppositio*). Las partes de la *oppositio* son: *propositio*, *interrogatio* y *conclusio*; las partes de la *responsio* son: *concessio*, *contradictio* y *prohibitio*.

La estructura de la disputa sigue en gran medida el esquema aristotélico:

- el oponente ataca la tesis de la *positio* por medio de cuestiones (*interrogatio*) y puede hacer inferencias (*conclusio*);
- el respondiente puede aceptar algunas tesis del oponente (*concessio*), y puede rechazar otras (*contradictio*), o, incluso, suspender su juicio sobre la cuestión planteada (*prohibitio*).

En el siglo XIII se empleó un único modelo de debate obligacional, mientras que en el XIV se utilizaron varios modelos diferentes. La principal diferencia entre estos modelos es la manera en que se establecen reglas para determinar de qué modo han de emplearse en el debate las proposiciones irrelevantes (*impertinens*), esto es, las que ni se siguen ni repugnan al *positum* o *posita*.

En principio, hay tres reglas básicas comunes a todos los modelos:

- el *positum* inicial debe ser aceptado;
- todas las proposiciones que se siguen del *positum* deben ser aceptadas;
- todas las proposiciones que repugnan al *positum* deben ser negadas.

La primera regla determina la condición de verdad, aunque es una verdad ciertamente arbitraria por imposición; las otras dos reglas son derivadas y tienen la forma de la consistencia o compatibilidad lógica con la verdad impuesta. Esta descripción es la que puede encontrarse en los tratados parisinos del siglo XIII.

Si se entiende que el propósito de la disputa obligacional es buscar la verdad, el *respondens* debe acatar tres reglas (según Boecio de Dacia):

- debe aceptar o rechazar la tesis del *opponens* que aceptaría o negaría si las hubiera puesto él mismo;
- debe estar predispuesto por naturaleza o hábito a aceptar lo verdadero y a negar lo falso;
- no debe cometer la impudicia de aceptar o negar tesis sin el fundamento de una razón verdadera.

La disputa obligacional resulta de una combinación entre aquello a que está obligado (*obligatum*) el respondiente y lo que se deriva de su obligación. En su forma desarrollada, el juego obedece a tres reglas:

1. Todo lo que se sigue del *obligatum* y de una proposición o de proposiciones aceptadas o de lo opuesto de una proposición o proposiciones correctamente rechazadas, siendo conocido, debe ser aceptado.
2. Todo lo que es incompatible con el *obligatum* y una proposición aceptada o lo opuesto de una proposición correctamente rechazada, siendo conocido, debe ser rechazado.
3. Todo lo que es irrelevante (*impertinens*) debe ser aceptado, rechazado o puesto en duda: si sabemos que es verdadero, lo aceptamos; si sabemos que es falso, lo rechazamos; si no sabemos si es verdadero o falso, lo ponemos en duda. Es irrelevante una proposición a la cual no se aplica ni la regla (1) ni la regla (2).

Para comenzar el juego, el *opponens* tiene dos posibilidades: propone afirmar una proposición (*pono tibi A1, positio*), o propone negar una proposición, que puede equivaler a la negación de una *positio* (*depono tibi A1, depositio*).

El *respondens* tiene, entonces, tres posibles respuestas: acepto (*concedo, admitto*), niego (*nego*), dudo (*dubito*).

Si sabe que la proposición es posible, el *respondens* debe aceptar la *positio* de A1 y negar la *depositio* de A1; en caso contrario, tiene que negar o dudar la *positio* de A1, y aceptar la *depositio* de A1.

Hay un límite en lo que puede proponerse como *positio*, pues no es aceptable proponer un imposible, ya que, por el principio *de impossibile quodlibet*, se obligaría al *respondens* a aceptar cualquier cosa que propusiera el *opponens*. Después el *opponens* debe seguir haciendo una *positio* o una *depositio*, ante las que el *respondens* de nuevo tendrá tres posibles respuestas, y así sucesivamente.

El *respondens* tiene siempre que determinar si una *positio* o *depositio* propuesta por el *opponens* es *pertinens* o *impertinens*, es decir, si *An* se sigue (*sequitur*) o no se sigue (*repugnat*) de las reglas establecidas y de la conjunción de todos sus movimientos anteriores.

Un ejemplo de la sofisticación que llegaron a alcanzar las disputas obligacionales lo encontramos en el tratado de Guillermo Buser de 1360, *Obligationes*, cap. 2, donde expone sus reglas:

La quinta regla es: si la misma proposición, durante el tiempo de la obligación, fuese puesta en el lugar que le corresponde en el razonamiento se sigue y es pertinente, y en consecuencia debe ser concedida, pero si es puesta en otro lugar del razonamiento, sería impertinente (*impertinens*) y debe ser negada.

Por ejemplo: si se pone esta proposición: 'todo hombre está en Roma' e inmediatamente después de haber sido puesta se pone esta: 'tú eres un hombre', se debe conceder porque es impertinente verdadera; de modo que si, en segundo lugar, se propone esta: 'tú estás en Roma', es pertinente que se sigue, y debe ser concedida, pues se sigue: 'todo hombre está en Roma, tú eres un hombre, luego tú estás en Roma'. Sin embargo, si esta misma proposición: 'tú estás en Roma' hubiera sido puesta en primer lugar, esto es, inmediatamente después de lo primero puesto ('todo hombre está en Roma'), entonces es impertinente y debe ser negada. Que es impertinente se prueba porque no se sigue: 'todo hombre está en Roma, así pues tú estás en Roma', luego no es pertinente que se sigue de ella.

Guillermo de Ockham (*Summa Totius Log.* III, 3, 42-44) ofrece una sencilla descripción de un debate obligacional, que se compone de:

- *institutio*: la adopción de un término nuevo en la discusión solamente por todo el tiempo que esta dure;
- *petitio*: petición que formula el oponente al *respondens*;
- *positio*: la obligación de sostener una proposición como verdadera;
- *depositio*: la obligación de sostener una proposición como falsa;
- *dubitatio*: la obligación de considerar una proposición como dudosa;

- *sit verum*: el compromiso de responder a una proposición como lo haría si la tuviera ya por verdadera, ya por falsa, ya por dudosa.

Principales autores

Los principales tratadistas sobre las obligaciones en los siglos XIII y XIV son los siguientes:

Boecio de Dacia (finales del s. XIII) describe la técnica de la obligación del siguiente modo: la base es que el oponente pone todas las tesis que desea, y el respondiente debe aceptarlas como probables o improbables, necesarias o imposibles, salvo que sean incomposibles, único caso en que puede rechazar las proposiciones puestas por el oponente. Una vez que el oponente ha puesto todas las tesis que desea, dice: 'el tiempo ha concluido', y todas estas tesis se suponen aceptadas por el respondiente. A continuación, el oponente debe plantear cuestiones sobre esas tesis al respondiente, que debe aceptar todo lo que se infiere de las tesis aceptadas y negar todo lo que repugna a las tesis aceptadas.

Guillermo de Ockham define la obligación (*Summa Logicae*, OP I, p. 736) como un arte que comienza con el requerimiento de la posición de una proposición, a continuación el oponente impone a su voluntad otras sucesivas proposiciones que debe aceptar, negar, dudar o distinguir el respondiente. Cuando ha tenido lugar este intercambio, el oponente puede en cualquier momento decir: '*cedat tempus*', lo que quiere decir que el tiempo de la obligación ha concluido. En ese momento se comprueba si el respondiente ha respondido correctamente según las tesis y las reglas aceptadas en el juego.

Walter Burley es el autor del tratado sobre las obligaciones inglés más popular, escrito en 1302, que es esencialmente un compendio de las técnicas ya utilizadas en el XIII. Pero, en relación con las proposiciones irrelevantes encontramos en Burley dos notables diferencias:

- el respondiente debe aceptar para su evaluación todas las proposiciones irrelevantes propuestas por el *opponens*, y por lo tanto, deben ser aceptadas, negadas o puestas en duda;
- las proposiciones irrelevantes pueden utilizarse en la evaluación de la consistencia lógica del debate.

Como Burley utiliza el modelo de la aceptación previa de un solo *positum*, lo que se debe evaluar es la consistencia lógica de las respuestas del respondiente a las cuestiones planteadas por el oponente, que se transforman en *posita* que se evalúan en el debate, de modo que el orden en que se presentan los *posita* pasa a ser importante.

Juan Duns Escoto (comienzos del XIV) considera la lista de respuestas del *respondens* como la descripción de una situación posible, que se refiere a un instante presente. Siguiendo a Burley, Escoto se separa del propósito cooperativo de la búsqueda de la verdad, pues acepta que si el respondiente ha aceptado un *positum* falso, debe aceptar toda otra falsedad compatible con ese *positum*.

Escoto basa su concepción de la actualidad del instante en la teoría de las obligaciones en el contexto de su discusión sobre la libertad de la voluntad, donde la posibilidad de elección consiste en que en un instante actual coexisten las dos posibilidades contradictorias, lo que deja fuera del debate la tradicional distinción entre instantes pasados (donde rige la necesidad) o futuros (donde es posible la contingencia). A partir de esta noción de 'instante lógico' se entiende que la aceptación de una tesis falsa por el *respondens* es consistente con un instante lógico presente alternativo al presente actual.

Richard Kilvington en su *Sophismata* (1326) identifica la consistencia de las respuestas con la verdad del *positum*, para lo que necesita nuevas reglas, que conciernen principalmente a las proposiciones irrelevantes, que son impertinentes respecto a las respuestas anteriores, pero que se consideran como posibles hipotéticos en el presente lógico en relación al *positum*, por lo que deben ser evaluadas con los mismos valores de verdad que las tesis aceptadas o negadas anteriormente en el presente actual.

En el modelo de Kilvington, el oponente escoge una situación, y la describe como el *casus* a tratar. A continuación plantea cuestiones sobre este *casus* cuyo valor de verdad es problemático; el respondiente debe ir aceptando o rechazando estas proposiciones problemáticas según su valor de verdad en relación al *casus* planteado basándose en las reglas de la disputa. Dada su naturaleza hipotética, en la *obligatio* Kilvington emplea el modo subjuntivo, que se traduce lógicamente como condicionales contrafácticos, de la forma: si se diera la situación A, entonces se daría la situación B, de modo que debería aceptarse solo si se cumple la regla del *modus tollens*.

Guillermo de Heytesbury (†1380) critica que, según Kilvington, no habría, en realidad, proposiciones irrelevantes, pues las proposiciones contrafácticas serían para él relevantes, ya que no concede valor a la necesidad de su inferencia respecto del *positum*. De este modo, según Heytesbury, el *positum* no puede determinar una sola situación imaginada, como el *casus* de los *sophismata*, sino que es una proposición que establece relaciones lógicas con otras proposiciones, relaciones que deben ser evaluadas en la disputa. Son las reglas de la *obligatio* las que deben decir al respondiente lo que debe ser aceptado o rechazado en la disputa según lo que se sigue del *positum*.

Roger Swineshead (†1365) retorna a la tradicional interpretación de las proposiciones *impertinentes* como literalmente irrelevantes para el debate. El conjunto de proposiciones irrelevantes pueden ser aceptadas como consistentes porque constituirían la descripción de un mundo posible actual, aunque fueran inconsistentes con el conjunto de proposiciones relevantes que se siguen necesariamente del *positum*.

Estas interpretaciones sobre la composibilidad o incomposibilidad de las proposiciones relevantes e irrelevantes se ejemplifica sobre todo en las conjunciones y disyunciones, donde los dos miembros pueden ser aceptados por separado y sin embargo su conjunción o disyunción ha de ser negada o al contrario. La sutileza de la teoría se inclina hacia la posibilidad de que una misma tesis deba ser aceptada o negada en diferentes disputas obligacionales, o en una misma disputa con oponentes diversos, dependiendo de la serie de *posita* en que se encuentre.

11. EL USO TEOLÓGICO DE LA DISPUTA OBLIGACIONAL

La disputa obligacional es particularmente adecuada para los debates teológicos más característicos del siglo XIV, al permitir disputar lógicamente de cuestiones tales como las relativas al problema de la contingencia divina, que en una disputa que atendiera solo a la lógica de lo 'real' no tendrían cabida por sus consecuencias teológicas indeseables. Una forma simplificada de este tipo de obligación podría ser el siguiente:

Opponens. Sea el *positum*: Dios no puede ser engañado.

Respondens. Lo acepto, puesto que es el *positum*.

Opponens. Sea el caso que Dios sabe que *A* será, siendo *A* un futuro contingente.

Respondens. Lo acepto.

Opponens. Todo lo que es posible que sea es también posible que no sea (por la definición de contingencia).

Respondens. Lo acepto.

Opponens: Como *A* es un futuro contingente es posible que será y posible que no será.

Respondens. Lo acepto.

Opponens. Sea el caso que A no será (porque A es un futuro contingente).

Respondens. Lo acepto.

Opponens. Luego, Dios es engañado (porque sabe que A será, según el primer caso puesto por el *opponens*).

(De lo que se deriva que el *respondens* ha caído en una contradicción con el *positum* inicial).

Un segundo ejemplo de disputa obligacional lo encontramos en un manuscrito anónimo de una disputa en la Universidad de París de principios del siglo XIII (*Obligationes Parisienses*, [de Rijk, L.M. 1975: 'Some thirteenth century tracts on the game of obligation', *Vivarium* 13, no. 1: 22-54.])

Texto de la *obligatio* (selecc.):

Opponens. Debe ponerse que el Anticristo existe, de este modo (*positum*): 'el Anticristo existe'.

Respondens. Este es el *positum* y el propósito bajo la misma forma en que se ha enunciado como *positum*. Por lo tanto, se debe conceder.

Opponens. Después, te pongo esta: 'El Anticristo es coloreado'. Y esto es algo falso. Considera, pues, si es una consecuencia válida, poniéndolo en el consecuente de un condicional y el *positum* en el antecedente, de esta manera: 'Si el Anticristo existe, entonces el Anticristo es coloreado'.

Respondens. Consta que esta consecuencia es válida. Por tanto, que el Anticristo es coloreado es una consecuencia del *positum*. Por tanto, se concede.

Opponens. Ahora pon esta: 'El Anticristo es blanco'. Esto es algo falso. Considera si, respecto de esto, algo ha sido sido previamente concedido o negado, o nada.

Respondens. Y consta que, respecto de esto, algo ha sido previamente concedido.

Opponens. Examina, pues, si hay consecuencia válida si se forma un condicional, a saber este: 'si el Anticristo existe, y el Anticristo es coloreado, entonces el Anticristo es blanco'.

Respondens. Este condicional es falso. Luego, que el Anticristo es blanco es falso, y no se sigue del *positum*. Luego hay que negarlo. Así pues, sea negado.

Opponens. A continuación te pongo esta: 'el Anticristo no es neutro'. Esto es algo verdadero. Y consta que, en relación a esto, algo ha sido preconcedido y algo prenegado. Examina, pues, si que el Anticristo no es neutro es contradictorio, poniendo su opuesto como consecuente de un condicional, de este modo: 'Si el Anticristo es y el Anticristo es coloreado y el Anticristo no es blanco, entonces el Anticristo es neutro'.

Respondens. Este condicional es falso. Por tanto, que el Anticristo es neutro no se sigue.

Opponens. Que el Anticristo no es neutro no es contradictorio. Y esto es verdad.

Respondens. Por tanto es verdadero, porque es no-contradictorio. Luego se concede.

Opponens. Concedida la anterior, te pongo ahora esta: 'el Anticristo es negro'. Y esto es algo falso. Y consta que, en relación a esto, algunas cosas se han concedido y algunas se han negado. Examina, pues, si que el Anticristo es negro se sigue del *positum* y de las cosas concedidas y de lo opuesto de lo negado, de este modo: 'Si el Anticristo existe y el Anticristo es coloreado y el Anticristo no es blanco y el Anticristo no es neutro, entonces el Anticristo es negro'. Siendo esta condicional verdadera.

Respondens. Por tanto, que el Anticristo es negro es falso, pero se sigue. Luego hay que concederlo.

Explicación:

Opponens. Propósito: El Anticristo es. Es falso, pero no contradictorio, por lo tanto es posible.

Opponens. Positum: 'El Anticristo es'.

Respondens. Lo concedo porque es el *positum*.

Opponens. 'El Anticristo es coloreado'.

Repondens. Lo concedo porque, aunque sea en sí falso, se sigue del *positum* (si el Anticristo es, el Anticristo es corpóreo y debe tener algún color).

Opponens. 'El Anticristo es blanco'.

Respondens. Lo niego, porque es falso en sí mismo, y también es falso como consecuente de un condicional cuyo antecedente es la conjunción de las dos proposiciones concedidas anteriormente: 'el Anticristo es' y 'el Anticristo es coloreado' (ya que puede ser de otros colores).

Opponens. El Anticristo no es de color neutro

Respondens. Lo acepto porque su opuesto ('el Anticristo es de color neutro') no se sigue en el condicional cuyo antecedente es la conjunción de las proposiciones que se han aceptado anteriormente: 'el Anticristo es', 'el Anticristo es coloreado', 'el Anticristo no es blanco' (pues no necesariamente ha de ser neutro, ya que aún hay otro color posible: el negro). Por consiguiente es verdadero en el sentido de que 'el Anticristo no es de color neutro' no es inconsistente (*repugnans*) con ese condicional.

Opponens. 'El Anticristo es negro'.

Respondens. Lo concedo. Es falso, pero se sigue del *positum* ('el Anticristo es'), en conjunción con lo contrario de dos proposiciones que se han negado (se ha negado que 'el Anticristo es blanco', y se ha negado que 'el Anticristo es neutro'). Se forma este condicional: 'si el Anticristo es y el Anticristo es coloreado, y el Anticristo no es blanco y el Anticristo no es neutro, entonces el Anticristo es negro' (porque es la única posibilidad que queda). Lo acepto como algo falso, pero que se sigue como consecuente en el condicional cuyo antecedente es la conjunción de todo lo que se ha concedido anteriormente.

(El *respondens* se ve obligado a aceptar como una consecuencia válida en la disputa obligacional que 'el Anticristo es negro'; luego que 'el Anticristo es').

La teología obligacional: Robert Holkot

El uso de la *obligatio* en materia teológica encuentra quizá su máxima expresión en el dominico inglés Robert Holkot en la primera mitad del xiv. Este autor, que sigue la estela ockhamista, aunque es quizá más radical que el propio Ockham, expone la idea de que la voluntad de Dios se expresa directamente en los textos sagrados que constituyen la revelación. Por tanto, el creyente debe interpretar esto signos sagrados para conocer la voluntad oculta divina. Dios, en este caso, puede figurar por el *opponens* de un debate obligacional, en el que el creyente es el *respondens*, que debe investigar en la médula de los signos divinos, para aceptar el sentido compatible con la regla lógica inicial de no-contradicción, pero, además, compatible con las reglas establecidas en el propio texto revelado.

Podemos examinar un texto especialmente significativo en el que Holkot plantea un juego lógico a partir de un supuesto teológico. Se trata de una selección del *Quodlibet* iii, q. 8: 'Si es necesario que haya una resurrección universal en el futuro'. En él, Holkot aborda la cuestión de los futuros contingentes, que hemos examinado desde una perspectiva formalista en el anterior texto de Duns Escoto.

El texto de Robert Holkot es el siguiente:

<Contra esta opinión>
Pero, argumento contra esta opinión de este modo: pregunto sobre la ordenación o revelación o afirmación divina, si la ordenación de Dios es el mismo Dios, o la criatura o las criaturas, o Dios y la criatura. Si Dios, entonces es la naturaleza divina; así pues, lo que contradice a aquella ordenación contradice a la naturaleza divina, y, en consecuencia, al poder divino. Y, si Dios, a causa de aquella ordenación, estuviera obligado necesariamente al otro de los opuestos, se seguiría que Dios, por su naturaleza, estaría obligado necesariamente al otro de los opuestos, lo que, sin embargo, no concede esta opinión. [. . .]

Si se respondiera al primer argumento que aquella 'revelación' o 'afirmación' u 'ordenación' supone por el conocimiento o la volición divina y connota algún efecto en la criatura, porque este término 'revelación' entendido activamente supone por Dios y connota que en alguna criatura es causado el conocimiento de asentimiento a algo que se llama 'revelado'; y, por ello, si esta proposición es revelada por Dios: 'la resurrección de los cuerpos será', se denota que alguna criatura asiente a ella a causa de la revelación divina, y es verdadero que así será, porque lo falso no puede ser revelado; y, por ello, no se da al mismo tiempo que sea revelado que la resurrección de los cuerpos será y que, sin embargo, la resurrección no será o que puede ser impedida. Y lo mismo se dice del término 'ordenación', porque significa principalmente la voluntad de Dios y connota que aquello Dios quiere que sea o que llegue a ser determinadamente, y, en consecuencia, incluye que así será, porque si Dios quisiera que así llegará a ser, así será. Y, en consecuencia, estas dos proposiciones no se dan al mismo tiempo: 'Dios ordenó que la resurrección de los cuerpos será' y 'la resurrección de los cuerpos no será'. Si, digo, así se respondiera, no por ello se seguiría que lo revelado será necesariamente o que lo ordenado por Dios será necesariamente, porque lo que es querido por Dios puede que nunca hubiese sido querido por Dios, así como lo que es previsto por Dios puede que nunca hubiese sido previsto por Dios, y Sócrates, siendo predestinado, puede que nunca hubiese sido predestinado. Pues cualquiera de estas proposiciones es contingente: 'la resurrección de los cuerpos será', 'Dios predestinó a Pedro', o 'Dios previó que Cristo moriría', tal como se dice más abajo.

Argumento aún contra la mencionada opinión que afirma que todo lo revelado es necesario después de que ha sido revelado, porque si esto fuera verdad, se seguiría que Dios no puede revelar proposiciones como: 'Sócrates, libre y contingentemente elige esto o aquello mañana', porque, revelada tal proposición, esta sería necesaria: 'Sócrates elige aquello', según lo supuesto, y Sócrates elige aquello mismo contingentemente, y, por consiguiente, podría no elegirlo; así pues, esta misma proposición es necesaria y contingente: 'Sócrates elige lo mismo'. Pero, tal vez se diga que Dios no puede revelar una proposición como esta: 'Sócrates libre y contingentemente elige esto mañana'. Pero, argumento en contra: Supongamos que Dios puede revelar esta <proposición>: 'Sócrates contingentemente pecará mañana', porque sucederá que contingentemente pecará; entonces pecará necesariamente <porque ha sido revelado>; luego no pecará; luego esta <proposición> será contingente después de la revelación: 'Sócrates pecará'. El antecedente se prueba porque si no pecará contingentemente, y pecará, entonces pecará necesariamente; luego no lo puede evitar; luego no pecará <por no actuar voluntariamente>. [...]

<Otra vía>

En tercer lugar, propongo una vía completamente contraria a esta, y digo que toda proposición sobre el futuro contingentemente verdadera, es contingentemente verdadera tanto tiempo como es verdadera, de modo que esta proposición: 'la resurrección de los cuerpos será' es verdadera tanto tiempo como sea verdadera esta proposición: 'la resurrección de los cuerpos será contingentemente', por mucho que se haga una revelación sobre esto a alguna criatura, porque siempre puede Dios hacer que nunca esa proposición haya sido verdadera, porque así es verdad que puede que nunca hubiese sido verdadera. Y esto es ser contingentemente verdadero, esto es, ser verdadero y poder ser que nunca hubiese sido verdadero.

<Artículo segundo>

A partir de esto es evidente <que se puede responder> a la cuestión respecto a la forma que se propone, sosteniendo su parte negativa, esto es, que la resurrección universal de los cuerpos, no es futura necesariamente, sino contingentemente, porque es futura, y sin embargo Dios puede hacer que nunca fuera a ser futura, como es evidente según la vía común en las escuelas en relación al tema de los futuros contingentes.

Explicación

Para Holkot, la 'revelación' es un término connotativo, que connota que la verdad del futuro revelado es solo determinada cuando el hecho ocurre efectivamente, por lo que las revelaciones siguen siendo contingentes, incluso después de que Dios las haga, hasta que el hecho ocurre efectivamente. Para tratar de esta cuestión, Holkot supone el caso de que Dios previene a un hombre (Sócrates), que vive en la caridad, de que solo quiera aquello que le parezca que está de acuerdo con la razón, y, a continuación, le revela que sucederá un hecho x, que es un futuro contingente, contradictorio con lo que piensa la razón de Sócrates.

A partir de este caso, Holkot desarrolla una complicada argumentación para analizar las posibilidades contradictorias entre lo que Sócrates debe creer por la revelación y lo que debe pensar por la razón. La conclusión de Holkot es que Sócrates no debe querer por su fe que un hecho x será absolutamente, sino solo condicionalmente. Pues la revelación de que x será, es revelada bajo la condición de que podría que nunca hubiera sido revelada. De modo que Sócrates debe querer que x será bajo la condición de que nunca hubiera sido revelado, pues es la única manera en que Sócrates cumpliría con la doble condición de la obediencia a lo que Dios ordena en relación a un suceso que pudo no haber existido nunca.

El *casus* que se plantea en esta *obligatio* es relativo al pasado: la creencia de que *x* será forma parte de un pasado contrafactual necesario, consistente con el presente contrafactual. Sócrates no está obligado por el *casus* a aceptar *x* incondicionalmente. En este ejemplo, en realidad, el juego obligatorio tiene lugar entre Dios, que es el *opponens*, y Sócrates, que es el *respondens*; la revelación divina sirve de *positio* a la que Sócrates se obliga a sí mismo, proyectando la soteriología bajo la forma del *ars obligatoria*. Otro ejemplo sería el de que Dios revela a Sócrates, que está en estado de gracia, que solo quienes cometen un pecado mortal mañana serán salvados.

Dios no puede hacer aquello de lo que de hecho, y existiendo todas las proposiciones que pueden existir, se siguen dos proposiciones contradictorias que son al mismo tiempo verdaderas, y puede hacer todo aquello de lo que, habiendo puesto su perfección en el ser, y existiendo todas las proposiciones que pueden existir, no se siguen proposiciones contradictorias que sean al mismo tiempo verdaderas. Dios realiza un conjunto de composibles que 'pone' en la existencia o 'pone' como un caso de hecho; para que se puedan considerar los hechos composibles hay que comprobar que, supuestas todas las proposiciones que describen ese caso, no se dan proposiciones contradictorias, comprobación que es justamente la que tiene como objetivo el *ars obligatoria*.

En la teología obligacional, el hombre se obliga a aceptar que el mundo *de facto* corresponde a las *positiones* de Dios. Además, Dios hace otras revelaciones sobre el conjunto de los composibles que ha decidido llevar a la existencia de entre las infinitas posibilidades a su disposición, como que habrá una resurrección universal o el advenimiento del Anticristo. Estas revelaciones actúan como *positiones* a las que la criatura humana se obliga junto con todas aquellas proposiciones que se siguen de esas *positiones* originales, justo lo que hace el *respondens* en el juego obligacional. En definitiva, en la teología obligacional, tener fe equivale a aceptar una *obligatio*.

En cierto modo, con la aplicación del juego obligacional a la resolución de problemas teológicos, la lógica medieval alcanza su cima. En los siglos posteriores, la escolástica se orientará hacia una sistematización, en que la disputa será más axiomática, identificando el debate con el cumplimiento de las reglas formales.

Selección bibliográfica

Fuentes primarias

Adam de Balsam (1955): *Adam Balsamiensis Parvipontani: Ars disserendi* (ed. L. Minio Paluello), Roma.

Alberto de Sajonia (1988): *Perutilis logica. Lógica muy útil o utilísima*, México DF, UNAM.

Aristóteles (1995): *Tratados de lógica (Órganon)* i: Categorías, Tópicos, sobre las refutaciones sofísticas, Gredos, Madrid. (1995): *Tratados de lógica (Órganon)* ii: Sobre la interpretación, Analíticos primeros, Analíticos segundos, Madrid, Gredos.

Guillermo de Ockham (1974): *Summa Logicae*, Parte 1, Ockham's Theory of the Terms (trad. M. Loux), University of Notre Dame Press, Londres. (1998): *Summa Logicae*, Parte 2, Ockham's Theory of the Pro-positions (trad. A. Freddoso y H. Schuurman), Indiana, St. Agustine Press.

Juan Buridan (2015): *Treatise on consequences* (trad., introd. Stephen Read), Nueva York, Fordham University Press.

Juan de Santo Tomas (1986): *Compendio de lógica*, México DF, UNAM.

Pablo de Pérgola (1961): *Logica et Tractatus de sensu composito et divisio* (ed. M. A. Brown), Nueva York, St. Bonaventure, Franciscan Institute.

Pablo de Venecia (1979): *Logica Magna, Prima Pars, Tractatus de Terminis*, (ed. N. Kretzmann), The British Academy, Oxford University Press.

— (1984): *Logica Parva*, (ed. Alan R. Perreiah), Múnich-Viena, Philosophia Verlag.

Pedro Abelardo (2012): *Logica ingredientibus* (C. Lafleur-J. Carrier), 'Abélard et les universaux: édition et traduction du début de la '*Logica Ingredientibus: Super Prophyrium*', Laval Theologique et Philosophique, 68, 1.

Pedro Hispano (1986): *Tractatus. Llamados después Summule logicales* (ed. Mauricio Beuchot), México DF, UNAM.

Walter Burley (2000): *On the Purity of the Art of Logic* (trad. Paul Vincent Spade), Yale University Press, New Haven-Londres.

Fuentes secundarias

Beuchot, M. (1991): *La Filosofía del Lenguaje en la Edad Media*, México DF, UNAM.

— (1996): 'La lógica en la España medieval', *Revista Española de Filosofía Medieval*, 3, pp. 37-49.

— (1994): 'La teoría de las distinciones en la Edad Media y su influjo en la Edad Moderna', *Revista española de filosofía medieval*, n° 1, 1994, pp. 37-48.

BOCHENSKI, I. M. (1966): *Historia de la lógica formal*, Madrid, Gredos.

BOEHNER, P. (1944): 'El Sistema de la Lógica Escolástica' en *Revista de la Universidad Nacional de Córdoba*, Año XXI, pp. 1159-1620.

— (1952): *Medieval Logic, An Outline of its Development from 1250 to c.1400*, The University of Chicago Press, Great Britain.

DE LIBERA, A. (2008): «The Oxford and Paris traditions in logic», en *The Cambridge History of Later Medieval Philosophy*, Cambridge, Cambridge University Press, pp. 174-187.

DE RIJK, L. (1976): «Some thirteenth century tracts on the game of obligation», *Vivarium* 14, 26-49.

KLIMA, G. (2009): *John Buridan*, Nueva York, Oxford University Press.

KNUUTTILA, S. (1993): *Modalities in Medieval Philosophy*, Londres y Nueva York, Routledge.

LAGERLUND, H. (2008): «The Assimilation of Aristotelian and Arabic Logic up to the Later Thirteenth Century», en *Handbook of the History of Logic, Volume 2, Mediaeval and Renaissance Logic* (Edit. Dov M. Gabbay y John Woods), Nort-Holland, pp. 281-346.

MARITAIN, J. (1975): *El orden de los conceptos. I: Lógica menor: Lógica formal*, Buenos Aires, Club de lectores.

MATES, B. (1973): *Stoic Logic*, Berkeley, University of California Press, Classic Reprints.

MOODY, E. (1975): «The medieval contribution to logic», en *E.A. Moody, Studies in medieval philosophy, science, and logic: collected papers 1933-1969*, University of California Press, Berkley, pp.71-392.

MUÑOZ DELGADO, V. (1977): «La lógica en las condenaciones de 1277», *Cuadernos salmantinos de filosofía*, n° 4, pp. 17-40.

— (1975): 'Introducción al patrimonio escolástico de lógica', *Cuadernos salmantinos de filosofía*, n° 2, pp. 45-76.

NOVAES D., READ, S. (2016): *The Cambridge Companion to Medieval Logic*, Cambridge, Cambridge University Press.

RESCHER, N. (1963): *The Development of Arabic Logic*, Pittsburg, University of Pittsburg.

ÍNDICE